ବୃଷ ରାଶି

ବୃଷ ରାଶି

ନବଜ୍ୟୋତି ରାୟ

BLACK EAGLE BOOKS
2019

 BLACK EAGLE BOOKS

USA address:
7464 Wisdom Lane
Dublin, OH 43016

India address:
E/312, Trident Galaxy, Kalinga Nagar,
Bhubaneswar-751003, Odisha, India

E-mail: info@blackeaglebooks.org
Website: www.blackeaglebooks.org

First International Edition Published by
BLACK EAGLE BOOKS, 2019

Brusha Rashi
By **Nabajyoti Ray**

Copyright © **Nabajyoti Ray**

All rights reserved. No part of this publication may be reproduced, stored in a retrieval system, or transmitted, in any form or by any means, electronic, mechanical, photocopying, recording or otherwise without the prior permission of the publisher.

Cover Art: **Adyasha Nayak**
Cover & Interior Design: Ezy's Publication

ISBN- 978-1-64560-055-8 (Paperback)

Printed in United States of America

ମୋ ସୃଜନ କର୍ମରେ ସହାୟକ ହେଇଥିବା
ସବୁ ଦୃଶ୍ୟ ଅଦୃଶ୍ୟ ଶକ୍ତିମାନଙ୍କୁ ନିବେଦିତ
ବୃଷ ରାଶି।

ମୋ କଥା

କବିତା କଣ ଅଧ୍ୟବସାୟ କରି ଲେଖାଯାଇପାରେ ନାଁ ସ୍ୱତଃସ୍ଫୁର୍ତ ଭାବେ କବିତା ସ୍ରଷ୍ଟା ମାଧ୍ୟମରେ ଆତ୍ମ ପ୍ରକାଶ ପାଏ ? ମୋ ବିଚାରରେ କବିତା ହେଉ କି ଅନ୍ୟ କୌଣସି ସର୍ଜନା ପ୍ରତିଭା ସହ ଗଭୀର ଅଧ୍ୟବସାୟର ଅପେକ୍ଷା ରଖେ। ଜଣେ ଶହେ କି ହଜାର ପୃଷ୍ଠା ପଢିଲେ ଯାଇଁ ପୃଷ୍ଠାଏ ଲେଖିପାରେ ବୋଲି ମୋର ବିଶ୍ୱାସ। ହୁଏତ ଅନେକ ସ୍ରଷ୍ଟା ସ୍ୱତଃ ବହୁତ କିଛି ଲେଖିପାରନ୍ତି।

ଏ ବହିଟି ମୋର ଦ୍ୱିତୀୟ କବିତା ବହି ହେବ। ବହିର ନାମକରଣ କଣ ହେବ ସେ ନେଇ ଟିକେ ଦ୍ୱନ୍ଦ୍ୱ ଥିଲା। ଭାବିଲି " ବୃଷରାଶି" ନାଁ ଦେବି। ଏବେବି ଆମ୍ଭ ସମାଜରେ ରାଶୀଚକ୍ର, ଜାତକ, ଗ୍ରହ, ନକ୍ଷତ୍ରକୁ ନେଇ ବିଭିନ୍ନ ପ୍ରକାର ଧାରଣା, ଅବଧାରଣା, ଭୁଲ୍ ଧାରଣା ଇତ୍ୟାଦି ପ୍ରଚଳିତ। ଅନେକ ସମୟରେ ମୁଁ ଭାବେ ବିବାହିତା ସ୍ତ୍ରୀ ଲୋକଟିକୁ ପୁରୁଷର ସୌଭାଗ୍ୟ/ ଦୁର୍ଭାଗ୍ୟ ପାଇଁ କାହିଁକି ଦାୟୀ କରାଯାଏ ! ସୌଭାଗ୍ୟର ଶ୍ରେୟ ପୁରୁଷର ପରିଶ୍ରମକୁ ସିଂହଭାଗରେ ମିଳୁଥିବାବେଳେ ନାରୀଟିକୁ ଦୁର୍ଭାଗ୍ୟ ପାଇଁ ବହୁଳାଂଶରେ ଦାୟୀ କରାଯାଏ। ଟିକେ ଭାବିଲେ 'କଣ ହେଉଥିବ ସେହି ନାରୀଟିର ଅବସ୍ଥା – ଯେବେ ଦୁର୍ଭାଗ୍ୟ ଦ୍ୱାରା ସେ ନିଜେ କଷ୍ଟ ଭୋଗୁଥିବ ଅଥଚ ସମସ୍ତେ ତାକୁ ଦାୟୀ କରୁଥିବେ।" ହାଏରେ ଏମିତି ମାନସିକତା!! ଏ ସ୍ଥିତି କେବେ ଯିବ କେଜାଣି!!

ସବୁ ସ୍ୱାଧୀନତା ପାଇଥିଲେ ବି ନାରୀଟିଏ ଅନେକ କଥା କରିପାରେନା। ସେ ଏକା ମଧ୍ୟରାତ୍ରୀରେ ନଈପଠାରେ ଜହ୍ନ ଆଲୁଅରେ ଭିଜିପାରେନା, ସେ ଏକା ସବୁଆଡେ ଯିବାକୁ ସକ୍ଷମ ଥିଲେ ବି ଅନେକ ସମୟରେ ସମାଜର ବିକୃତ ମାନସିକତା ତାକୁ ଅଦୃଶ୍ୟ ବେଢିରେ ବାନ୍ଧିରଖେ। ଯଦି ସ୍ନେହ ଶ୍ରଦ୍ଧାରେ ସେ ସ୍ୱାମୀ କି ପ୍ରେମିକ ବ୍ୟତୀତ କୌଣସି ପୁରୁଷର ହାତ ଦୁଇଟି ଧରିଲା, ଗୁଡାଏ ଆଖି ତରାଟି ହେଇଯାଏ, ଗୁଡାଏ ନାସିକା କୁଂଚନ ହୁଏ, କିଛି ଲୋକଙ୍କର ଫ୍ରଏଡ୍ ମନେପଡନ୍ତି ଆଉ କିଛି ଲୋକେ ସହଜଭାବେ ନାରୀଟିର ଚରିତ୍ର ସଂହାର ପର୍ଯ୍ୟନ୍ତ ଚାଲିଯାଆନ୍ତି। ଏ ପ୍ରକାର ଟିପ୍ପଣୀ ଯେ କେବଳ ପୁରୁଷମାନେ ଦିଅନ୍ତି ତାହା ନୁହେଁ, ଅନେକ ନାରୀ ବି ଦିଅନ୍ତି।

କହୁ କହୁ କଣ କହିଲିଣି! ବାମାବାଦୀ ଚିନ୍ତାଧାରା ପରି ଲାଗୁଥିବ। କିନ୍ତୁ ବିଶ୍ୱାସ କରନ୍ତୁ କୌଣସି ବାଦରେ ବିଶ୍ୱାସ ନାହିଁ ଏ କ୍ଷୁଦ୍ର ପ୍ରାଣୀଟିର। ମୋର କେବଳ ଏତିକି କହିବା କଥା ଯେ ନାରୀକୁ ଦେବୀ କି ଶକ୍ତି ଭାବି ପୂଜା କରିବା ଦରକାର ନାହିଁ, ତାକୁ ବ୍ୟକ୍ତିଟିଏ ଭାବିଲେ ଯଥେଷ୍ଟ।

ଏସବୁ ଲେଖିବାର ଉଦ୍ଦେଶ୍ୟ ହେଲା ବହିଟିରେ ସନ୍ନିବେଶୀତ କବିତା ଗୁଡିକରେ ନାରୀ ମନସ୍ତତ୍ତ୍ୱର ଝଲକ ବେଶି ଦେଖିବାକୁ ମିଳିବ ପାଠକ ମାନଙ୍କୁ, ଯଦିଓ କିଛି ଅନ୍ୟଭାବର କବିତା ମଧ୍ୟ ଅଛି। ସବୁ ବିଦ୍ରୋହ, ବିସଂଗତି, ଅସହାୟତା, ହର୍ଷ, ଉଲ୍ଲାସ, କବିତା ମାଧ୍ୟମରେ ପ୍ରକାଶିତ ହେବାର ସଫଳ/ବିଫଳ ପ୍ରୟାସ କରିଛି ମୁଁ। କବିତା ଲେଖିଲେ କଣ ହୁଏ ବୋଲି ପ୍ରଶ୍ନ ମଧ୍ୟ କେହି କେହି ପଚାରିଛନ୍ତି। କି ଉତ୍ତର ଦେଇ ହୁଏ ଏ ପ୍ରଶ୍ନର ? ମୁଁ ନିଜେ ଖୋଜୁଛି ଏହାର ଉତ୍ତର ।

ସାହିତ୍ୟ ମହାସମୁଦ୍ରର ବେଳାଭୂମିରେ ସାମାନ୍ୟ ବାଲିକଣିକାଟିଏ ହେବାର ପ୍ରୟସାରେ କିଛି ଶବ୍ଦର ମାଳା ଗୁନ୍ଥିବାକୁ ଚେଷ୍ଟା ମାତ୍ର କରିଛି। ପାଠକଙ୍କୁ ଭଲ ଲାଗିଲେ ମୁଁ କୃତାର୍ଥ ହେବି।

ନବଜ୍ୟୋତି ରାୟ

ସୂଚୀପତ୍ର

ସ୍ତ୍ରୀ ଲୋକ	୧୧
ମଧ୍ୟବିତ୍ତସ୍ତ୍ରୀ ଲୋକ	୧୩
ବୃଷରାଶି	୧୫
ଘର	୧୮
ଦାମ୍ପତ୍ୟ	୨୦
ଲକ୍ଷ୍ମୀସ୍ତୁତି	୨୨
ଲକ୍ଷ୍ମୀପୁରାଣ	୨୪
ପାର୍ବଣ	୨୬
ଯଥା ନିୟୁକ୍ଲୋସ୍କି	୨୮
ମହାଭାରତ	୩୦
ସୁତ୍ରପୁତ୍ର	୩୩
କାହାଣୀ	୩୭
ଅପମୃତ୍ୟୁ	୩୯
ଯାଯାବରୀ ସ୍ୱପ୍ନ	୪୧
ଅପ୍ରକାଶିତ	୪୪
ହାରଜିତ୍	୪୬
ଅବତାର	୪୮

ନାଟକର ନାଁ ନାରୀ	୫୦
ସ୍ୱର୍ଣ୍ଣପରୀ	୫୨
ପ୍ରତୀକ	୫୪
ବୋଉ	୫୬
ଗାଥାର ନାମ ଗାନ୍ଧୀ	୫୮
ଚେ ଓ ମୁଁ	୬୦
ଗୋଟେ କପ୍ କଫି	୬୨
ତୁମେ ଗଲା ପରେ	୬୪
ବାଟ	୬୬
ଅସ୍ତିତ୍ୱ	୬୭
ନିଆଁ	୬୮
ନୀରବତା	୭୦
ବୟସ୍କ ବର୍ଷା	୭୨
ସତ୍ୟ	୭୫
କଥା ଥିଲା	୭୭
ସୂର୍ଯ୍ୟସ୍ତୁତି	୭୯

ସ୍ତ୍ରୀ ଲୋକ

କେରାଏ ଅପମାନିତ କେଶ ପାଇଁ
ବାହୁ ଉପୁଡ଼ିବା କଥା
ଖୁବ୍ ପୁରୁଣା ନା ?

ତାଠୁ ଆହୁରି ପୁରୁଣା
ଦୀର୍ଘଶ୍ୱାସରେ ସୁନାର
ନଗରୀ ଜଳିଯିବାର କାହାଣୀ

ଏସବୁ କ'ଣ ଆଜି ଖାଲି ଇତିହାସ
ନା ଏବେବି ପବନରେ ଅଛି
କିଛି ଅକୁହା ଦୀର୍ଘଶ୍ୱାସ !
ଏବେବି ତୁ
ଶୈଶବରେ ପିତାର
ବୟଃପ୍ରାପ୍ତିରେ ପତିର
ଅପରାହ୍ନରେ ପୁତ୍ରର
ବାସ୍ ଏତିକି ନିୟତି

ତୋ ହାତର ରୁଣୁଝୁଣୁ
ତରକାରୀରେ ମିଶିଲେ ଭଲ
କାଗଜରେ ଦିଶିଲେ ଭେଲ

ତୋ ପ୍ରେମ ଚିଠି ସବୁ ଏବେବି
ପୋଡ଼ା ହୁଏ ସ୍ୱଜନଙ୍କ ହାତରେ

ତୋ ସବୁ ପ୍ରେମ ଚିଠି
ପୋଡ଼ିଯିବା ପରେ
ନିଜକୁ ସମ୍ଭାଳିପାରିବୁ ତ
ହେବୁ
ସିଲ୍‌ଭିଆ ପ୍ଲାଥ୍‌, କମଳା ଦାସ
ମାୟା ଆଂଜେଲୋ କି
ଅମ୍ରିତା ପ୍ରୀତମ୍‌
ଯଦି ନ ପାରିବୁ
ତୁ ଗୋଟେ
ନିରୋଳା ସ୍ତ୍ରୀ ଲୋକ ।

ମଧ୍ୟବିତ୍ତସ୍ତ୍ରୀ ଲୋକ

ଏଇ ପ୍ରଜାତିର ସ୍ତ୍ରୀ ଲୋକଟି ବୁଝିପାରେ
ସାମାଜିକ ବ୍ୟବସ୍ଥାର
ସବାତଳ ପାହାଚରେ ଥିବା
ଦୁଃଖିନୀ ଗୋବର ଗୋଟେଇର ଦୁଃଖ
ସ୍ପଷ୍ଟ ଦେଖିପାରେ ଗାଁରୁ ସହର
ଚାରିଆଡେ
ପାପରେ ବଦଳିଥିବା ଭୋକର ରୂପ
ନିଜ ବିଛଣାରୁ ଶୁଣିପାରେ ପଡିଶାଘର
ନୂଆବୋହୂଟିର ଚାପା କାନ୍ଦ
ଏ ସ୍ତ୍ରୀ ଲୋକଟି ଢୋକିଦେଇପାରେ
କୋହ ସହ ନିଜ ନିଅଁଟିଆ
ସଂସାରର ସବୁତକ ଛନ୍ଦ

ଘରକରଣା ସହ ବୁଝିପାରେ
ରାଜନୀତି, ଅର୍ଥନୀତି
ଧର୍ମ ଅଧର୍ମର କାହାଣୀ
ନିଜ ଅଳ୍ପ ବିଦୁଷୀ ପଣରେ
ବୈଠକୀରେ ସ୍ୱାମୀଙ୍କ ବନ୍ଧୁ ମାନଙ୍କ ସହ
ସାମିଲ୍ ହୋଇପାରେ ଦେଶ ବିଦେଶର
ଛୋଟମୋଟ ସମସ୍ୟା ଚର୍ଚ୍ଚାରେ

କେବେ କେମିତି ସ୍ତ୍ରୀ ଲୋକଟି
ଗୋଟେ ସୁକୁମାର ଇଚ୍ଛା ପାଳେ
ପାଇବାକୁ ପ୍ରସିଦ୍ଧି
ଯେମିତି ପାଇଛନ୍ତି
ଶୋଭା ଦେ, ନବନୀତା ସେନ୍
ତସ୍‌ଲିମା ବା ଅରୁନ୍ଧତୀ ଆଦି
କିନ୍ତୁ ସଂସ୍କାର ଓଢଣୀର
ଭାରିପଣରୁ କାଢିପାରେନା ନିଜକୁ
ମାନିନିଏ ପରମ୍ପରା ନାଁରେ
ସବୁ ଚିରାଚରିତ ପ୍ରଥାକୁ

ତାକୁ ଆନମନା କରିପାରେନା
ବଂଶୀସ୍ୱର
ସିଏ ଭୁଲିସାରିଥାଏ କେବେ
ଶେଷଥର ପାଇଁ
ତା ମନ ଯମୁନାରେ ଆସିଥିଲା ଜୁଆର

ତା'ର ଇଚ୍ଛା ହୁଏ ଭାଙ୍ଗିଦେବାକୁ
ସମାଜର ତଥାକଥିତ ପ୍ରାଚୀର
ହେଲେ ନିଜ
ଘାସକୁ ମୋଟ ଗଛକୁ ଛୋଟ
ଭାଗ୍ୟକୁ ନେଇ କେତେ ବା ହେଇପାରନ୍ତା
ଦଉଡ ମଧ୍ୟବିତ୍ତ ସ୍ତ୍ରୀ ଲୋକଟିର ।

ବୃଷରାଶି

ବାହାଘରର କିଛିଦିନ ପରେ
ଯେବେ ଚଡକ ମାରି ପଡିଗଲା
ଫଳନ୍ତି ନଡିଆ ଗଛଟା
ସଭିଏଁ ନିରେଖିଲେ
ନୂଆବୋହୂର ଚାଲିକୁ

ଫୁସ୍‌ଫାସ୍ ଚୁପ୍‌ଚାପ୍ ହେଲେ
ହେଇ ଦେଖୁନ କପାଳଟା
ଟିକେ ଉଚ୍ଚା
ରଙ୍ଗଟା ଏତେ ସଫା ନୁହେଁ
ଆଖି ଦି'ଟା ଢିମା ଢିମା

ଚଷମା ତଳୁ ତେରଛେଇ ପଚାରିଲେ
ଲେଖା ଯୋଖାରେ ଜେଜେ ଶ୍ୱଶୁର
ଆରେ ଅମୁକ !
କରିନଥିଲୁ କି ଜାତକଟି ମେଳକ

ଅନୁନାସିକ ସ୍ୱରରେ ଶାଶୁ କହିଲେ
କଣ କହିବି ଦାଦି
ବୋହୂଟାର ବୃଷରାଶି !

ଲାଗ୍‌ଲାଗ୍ ଦୁଇଟି ଝିଅର
ମା ହେଲା ପରେ କୁହାଗଲା
ବୃଷରାଶି ଜାତକରେ ପୁତ୍ରଯୋଗ ନାସ୍ତି
ପୁଅଟା ଆମର
ପୁତ୍ ନାମକ ନରକରୁ
ପାଇବନି ରିହାତି !

ଯନ୍ତ୍ରଣାର ଜଉଘର
କି ଯାତନାର ନିଅାଁଧାରକୁ
ଆଡେଇ ସେ ଯେତେବେଳେ
ଦିନକୁ ଦିନ ଅଧିକ ଚହଟିଲା
ଯା' ନଣନ୍ଦ ମୁହଁ ମୋଡିଲେ
ଚିମୁଟା ଚିମୁଟି ହୋଇ କହିଲେ
ରାଶିଟା ତ ବୃଷ !

ସେ ଯେ ସବୁ ସହିଯାଏ
ସେମିତି ନୁହେଁ
ଖର ମୁହଁ ହୁଏ
ଚିତ୍କାର କରେ
ପୁଣି ଘର ସଜାଡେ
ବିଛଣା ସଜାଡେ ।

ଯେଉଁଦିନ ରାଜ୍ୟ ବାହାରୁ
ଏକ ଡାକ୍ତରଖାନାରୁ ସେ ଫେରିଲା
ବିଜୟିନୀ ହୋଇ
ଶ୍ୱଶୁର ଭିଜାଗଳାରେ
କହିଲେ ହେଇ ଦେଖ
ତମେ ସମସ୍ତେ ତାକୁ
କହୁଥିଲ ନା ଅପଦର୍ଶି

ମୁଁ କିନ୍ତୁ ଜାଣିଥିଲି
ବୋହୂ ମୋର ସବୁଠି ଜିତିବ
ମିଛରେ କଣ ତାର
ବୃଷରାଶି ।

ଘର

କିମ୍ବଦନ୍ତୀରେ
ଗଢ଼ା ହୁଏ କି ଘର ?

ଆଖ୍ୟାନ ର ଇଟା ସିମେଂଟ୍ ନୁହେଁ
ବରଂ ବେଶି ଲୋଡ଼ା
ଭାଗମାପ ତେଲ ଲୁଣର
ବେସୁଆଦି ତିଅଣକୁ
ସୁଆଦିଆ କରିବାକୁ
ପରିବା ସହିତ ଆଙ୍ଗୁଠି କାଟି
ରକ୍ତ ଝରାଇବାର
ଉଃ ଆଃ ଉଚ୍ଚାରିବ
ଲୋକହସା ହେବା ସାର

କେବେ ଦାସୀ କେବେ ଈଶ୍ୱରୀ
କେବେ ଅସୁରୀ, କେବେ ଅପ୍ସରୀ
ଏମିତି କଳ୍ପିତ ହୁଏ ବିଶ୍ୱରୂପ
ନାରୀର ଦଶାବତାର

କୂର୍ମ ପାଲଟିଥିବା ପୁରୁଷ
ପ୍ରସ୍ତରୀଭୂତ ନାରୀ
ଝଟ ଝଟ ଦିଶିବାକୁ ଚାହାଁନ୍ତି
ଯେମିତି ରାଜାରାଣୀ ଅପେରାର

ଅର୍ଫିୟସ ଇଉରିଡାଇସ୍
ହୀର ରାଞ୍ଝା, କେଦାର ଗୌରୀ
ଯେମିତି ବିସ୍ମୃତ କାହାଣୀ
ଆଖ୍ୟାନ କଣ
ଦେଇପାରେ
ଏକ ନିଷ୍ଠତା
ସଇସୁନାରେ
ଗଢାହୁଏ କି ଅଳଙ୍କାର ।

ଦାମ୍ପତ୍ୟ

ସେଇ ଯେ ହାତଗଣ୍ଠିରୁ
ମିଳିଥିଲା ପହିଲି ଛୁଆଁର ମହକ
ରହିଥିଲା ମଧୁରାତି ଯାଏ
ସେ ବାସ୍ନାରେ ଆଜି ବି ବାସ୍ନାୟିତ ହୁଅନ୍ତି ଦୁହେଁ
ହେଉପଛେ ତାହା ମେଘରେ ବିଜୁଳି ପରାୟେ

ବାଟ ଚାଲୁ ଚାଲୁ
ପାଦତଳ କଠିନ
ଦେହ ମନ ଟାଣ
ତେଲ ଲୁଣର ହିସାବ ରଖିଲା ବେଳକୁ
ଏଣେ ବେସୁଆଦି ତିଅଣ !

ପିଲାଙ୍କ ପାଠପଢା
ବାପା ମା'ଙ୍କ ଔଷଧ କିଣା
ଗଲା ଆଇଲା ବନ୍ଧୁ ବାନ୍ଧବ ଚର୍ଚ୍ଚା
ଏସବୁ ଭିତରେ
ନିଖୋଜ ସବୁ ଋତୁ
ନାହିଁ ନାହିଁ ଛନ୍ଦରେ
କେତେଥର ବାସିହୁଏ ଫୁଲଶେଯ
ଫୁଲରେ ଫୁଟିଯାଏ ଛତୁ

କେବେଦିନେ ଦୁହିଁଙ୍କ
ଶବ୍ଦସବୁ ଖେଳୁଥିଲେ କାଗଜ ଉପରେ

ଏବେ ଲେଖନୀ ଭାସିଗଲାଣି
ଅଦିନିଆ ବର୍ଷାରେ

ଏକାଠିଥିବା ମଣିଷ ଦୁହେଁ
ହୋମ ନିଆଁରୁ ଯୁଇନିଆଁ ଯାଏ
ଏକାଠି ରହିବାର ପ୍ରତିଶ୍ରୁତି ଭୁଲି
ବହୁ ସମୟରେ ହୁଅନ୍ତି ଅପରିଚିତ
ଏମିତିକି ପରସ୍ପରକୁ ଜଡେଇ ଧରିବାକୁ
ଆସୁ ଆସୁ ଅଧାବାଟରୁ
ଫେରିଯାଆନ୍ତି ଦୁହିଁଙ୍କ ହାତ

ଦୁହିଁଙ୍କ ଭିତରୁ ନାରୀଟି
ବାରମ୍ବାର ଇଚ୍ଛାକରେ
ଡେଇଁଯିବାକୁ ଏରୁଣ୍ଡି
ତାକୁ କିନ୍ତୁ ଯିବାକୁ ଦିଏନା
ପୁରୁଷଟିର ନିରୀହ ପଣ
ଆଉ ବାନ୍ଧିରଖେ
ଅଧାଗଢା ଦେଉଳ
ଯାହାର ଏଯାଏ ମରା ହେଇନି ମୁଣ୍ଡି ।

ଦୁହେଁ ଦୁହିଁଙ୍କୁ ପ୍ରବୋଧନ୍ତି
ମିଛିମିଛିକା ଦିଆନିଆ ହୁଅନ୍ତି ମନ
ଏ ତାକୁ ସେ ୟାକୁ
ନୀରବରେ କୁହନ୍ତି
ଏ ପରା ଦାମ୍ପତ୍ୟ
ଏଠି ସମ୍ପର୍କ
ବର୍ଷ ପରେ ବର୍ଷ ମ୍ରିୟମାଣ
ପୁଣି କ୍ଷଣିକରେ ଆୟୁଷ୍ମାନ

ଲକ୍ଷ୍ମୀସ୍ତୁତି

ଛବିବହିରେ ଥିଲା
ଲହଲହକା ପତର ବଙ୍କା
ଏବେ ସେଠି ମିଳୁନି ଆଉ
ମୁଠାମୁଠା ଟଙ୍କା

ସେଠିଖାଲି
ଚକଡା ପୋକ, କୀଟନାଶକ
କାନ୍ଦବୋବାଳି
ବ୍ୟବସ୍ଥା ଅବ୍ୟବସ୍ଥା ହେବାର କାହାଣୀ

ମଗୁଶିର ବି ଆଣିପାରିଲାନି
ଗୋଟେ ପଦ୍ମଫୁଲ କି
ଦୁଇଟି କୁନି କୁନି
ପିଠୋଉ ଅଙ୍କା ପାଦ

ଏହା କଣ ବିମୁଦ୍ରାୟନ
ନା ଜିଏସ୍‌ଟିର ପ୍ରଭାବ

ଏମିତିରେ ଆଉ କି ଝୋଟିଚିତା
ପିଠାପଣା, ଶ୍ରୀୟା ଚଣ୍ଡାଲୁଣୀ
ନାଁ ଧୂପଝୁଣା

କେମିତି ମାଗିବି ମା'
କୋଳକୁ ନନ୍ଦନ
ଗୋଗୋଷ୍ଠକୁ ଲକ୍ଷେ ପଦ୍ମ ଗାଈ
ହାତରେ ଅମଳିନ ଥାଉ ମୋ
ସୁନାବାହି

କ୍ଷମା କରିଦେ ମା'
ଆଶିଷ ଦେ
ମୁଁ ଯାଏ
ଫେରେଇ ଆଣେ
ସେ ନିରୀହ ପାପସବୁକୁ
ଯେ ବାଟବଣା ହେଇଛନ୍ତି
ଭୋକର ଦାଉରେ ....

ଲକ୍ଷ୍ମୀପୁରାଣ

କେବେ ଦିନେ ମୁଁ
ପଦ୍ମ ଆଙ୍କିଲାବେଳେ
ତୋ ନଗ୍ରବୁଲା ବେଳ ହେଲା ଲୋ ମା
ଦୁଇ ପାଦ ଦେଇ ଉଭା ହେଲୁ ମୋ କୁଡିଆରେ

ତୋତେ ଦେଖିଲାପରେ ମୁଁ କଣ
ଆଉ ମୋ ଆୟତ୍ତରେ ଥିଲି କି ମା
ବିହ୍ୱଳ ହେଇ ମାଗିଲି
ପାଟ ଲୁଗା, ହାତୀ, ଛତି
ଏମିତିରେ ଅପାଠୋଇ ତହିଁରେ ସ୍ତ୍ରୀ ଜାତି
ଆଉ ଅଧିକ କଣ
ମାଗିପାରିଥାନ୍ତି !!!

ତୋ ପାଦ ପଡିଲା ଦିନୁ
ମୋ ବଲ୍ଲୁରୀର ବାସଟା
ପାଲଟିଛି ଚନ୍ଦନ ଉଆସ
ଶୂନ୍ୟକୋଳ ପୂର୍ଣ୍ଣ
ସୁବର୍ଣ୍ଣ ବାହି ଅମଳିନ

ମୋ ଘରେ ପାଦ ଦେଇଥିଲୁ ବୋଲି
ମା' ମୋର ତତେ ମିଳିଥିଲା ନିର୍ବାସନ

ତୁ ତ ଠାକୁରାଣୀ ତତେ ଜଣାଥିଲା
କେମିତି ନିଆଯାଏ ପ୍ରତିଶୋଧ
ପାଇହୁଏ ଯଥାଯୋଗ୍ୟ ସ୍ଥାନ

ଶୁଣିଛି ତୁ କୁଆଡେ ରଖିଥିଲୁ ସର୍ତ୍ତ
ଆଚାଣ୍ଡାଳ ବ୍ରାହ୍ମଣ
ସଭିଙ୍କୁ ମେଲା ସିଂହଦ୍ୱାର
କେହି କେବେ ହେବେନି ହୀନିମାନ
ଜଣାନାହିଁ ତୋ ସର୍ତ୍ତ କେତେ ହେଇଛି ପୂରଣ !!

ମୁଁ କିନ୍ତୁ ଆଜିଯାଏଁ ଧିକାରୁଛି ମା
ତୋତେ ପାଖରେ ପାଇବି ମାଗିଲି କେବଳ ସୁଖ ସମ୍ପଦ
ଚାହିଁଲି ହେବାକୁ ସମ୍ପନ୍ନ
ମାଗିପାରିଲିନି ଗୋଟେ ସମତଳ ଭୂଇଁ
ଯେଉଁଠି ପାଦରଖି ତୁଟିଥାନ୍ତା ସବୁ ଭେଦଭାବ
ହେଇଥାନ୍ତେ ସଭିଏ ସମାନ ।

ପାର୍ବଣ

କେତେକ'ଣ ଯୋଗାଡିଥିଲି ତୁମ ପାଇଁ
ମେଘରତୁ ପରର ଚୋଫା ଆକାଶ
ମୋର ସତସତିକା ବିଶ୍ୱାସ
ଫିଙ୍ଗିଦେଇ ଆସିଥିଲି
ଛାତି ତଳର ସବୁ ଡର
ପୁରା ଦୁନିଆ ଲାଗୁଥିଲା ନିଜର ନିଜର

ପୂଜା ମଣ୍ଡପ, ଶାଢି, ଚୁଡି, ଅଳତା, ସିନ୍ଦୂର
ସବୁଠି ମହ ମହ ବାସ୍ନା ତୁମର

ଏବେ କିନ୍ତୁ ଜୁଟେଇ ପାରୁନି ସାହସ
କରିବାକୁ ତୁମ ଆବାହନ
ମତେ ଖାଇ ଗୋଡାଉଛି
ମୋ ଭିତରର ଉଦାସପଣ

ବିଲୁଆଖାଇ ରୁ କୁନ୍ଦୁଲି
ଅର୍ଜୁନଗୋଦା ରୁ ଦିଲ୍ଲୀ
ଯେଉଁଠି ଯେତେଥର କ୍ଷତାକ୍ତ ହେଲା
ମର୍ଯ୍ୟାଦା, ଭାଙ୍ଗିଗଲା ସ୍ୱପ୍ନ
ସେଇଠି ସେତେଥର ଉଜୁଡିଲା ମୋ ଗର୍ଭ
ବାରମ୍ବାର ହେଲି ମୁଁ ବିଦୀର୍ଣ୍ଣ

ଏବେ ତୁମେ କୁହ
ଏ ଶୂନ୍ୟ ଗର୍ଭରେ
ଆଉ କି ପୂଜା ପାର୍ବଣ
ଯାଉଛି ଗୋଟେଇ ଆଣେ
ଏଠି ସେଠି ହଜିଥିବା
ମୋ କ୍ଷତ ବିକ୍ଷତ ଦେବୀପଣ ।

ଯଥା ନିଯୁକ୍ତୋସ୍ମି

ଆଜନ୍ମ ଅନ୍ଧପିତା ଓ
ସ୍ୱେଚ୍ଛାରେ ଅନ୍ଧତ୍ୱ
ବରି ନେଇଥିବା ମା'ଙ୍କ ଠୁ
ମିଳିଥିଲା ମତେ
ଉତ୍ତରାଧିକାରୀ ସୂତ୍ରରେ
ମେଂଚାଏ ବହଳ ଅନ୍ଧାର

ରଜାପୁଅଟେ ରଜା ହେବା
ସ୍ୱପ୍ନରେ ବିଭୋର ହେବାତ
ଏକ ସ୍ୱତଃସିଦ୍ଧ ଅଧିକାର
ପ୍ରତିଦ୍ୱନ୍ଦ୍ୱୀ ଯେତେ ନିଜର ହେଉ
ତାକୁ ଶେଷ କରିଦେବାର
ଆକାଂକ୍ଷା ମୋ ପରି
ଜଣେ ସାଧାରଣ ମଣିଷର

ମୁଁ ତ ଆଉ ତୁମ ପରି ନୁହେଁ
ଈଶ୍ୱର !
ଅତଏବ୍ ବିଷ ଲଡୁ ହେଉ କି
ହେଉ ଯତୁଗୃହ
ଏସବୁ କରିବାରେ କାହିଁକି ବା
ରହିଥାନ୍ତା ଅବଶୋଷ ମୋର

ପୌରୁଷର ଅଂହକାର ଆହତ
ହେଲାପରେ
ଆଉ କଣ ଶୁଣିପାରିଥାନ୍ତି ମୁଁ
କେଉଁ ନାରୀର ଆର୍ତ୍ତ ଚିତ୍କାର
ମୋର ପଶାପାଲି, ଖେଳାଳି ମୁଁ
ଜିତ୍ ମୋର
ତେଣୁ ରାଜ୍ୟ ବି ମୋର ।

ହେଲେ ତୁମେ ତ ସର୍ବନିୟନ୍ତା
ହେ ଚକ୍ରୀ,
ହଲପ କରି କହିଲ
ଯୁଦ୍ଧର ଡାକରା ମୁଁ
ଯଦି ଦେଇନଥାନ୍ତି
ସଅଁପି ଦେଇଥାନ୍ତି
ପାଂଚଖଣ୍ଡି ଗାଁ ହାତରେ ତୁମର
ତୁମେ କ'ଣ ତ୍ୟାଗିଥାନ୍ତ ଚକ୍ର
ହେ ଚକ୍ରଧର !
କୁରୁକ୍ଷେତ୍ର କ'ଣ ହେଇଥାନ୍ତା
କେବଳ ଏକ ପ୍ରାନ୍ତର
ସମ୍ଭବିଥାନ୍ତା କି
ଚରମ ବୋଧଦାୟିନୀ
ଗୀତାଶାସ୍ତ୍ର
ସତ କହିଲ ତ୍ରୈଲୋକ୍ୟଶ୍ୱର
ମୁଁ କ'ଣ ମାଧ୍ୟମ ସାଜିନାହିଁ
ନା କରିନାହିଁ ବାରମ୍ବାର
ପଥ ପରିଷ୍କାର
ତୁମକୁ ସଜାଇବାରେ
ଦୟାଳୁ ଈଶ୍ୱର
ହେ ଯୋଗେଶ୍ୱର .... !!

ମହାଭାରତ

ଯେଉଁଠି ନୈତିକତା ବଦଳରେ
ଥାଏ ଖାଲି ବିବସ୍ତ୍ର ଅସହାୟତା
ବିନା ଯୁଦ୍ଧେ ସୁଚ୍ୟଗ୍ର ମେଦିନୀ
ସେଠି କେମିତି ବା ମିଳିଥାନ୍ତା !!

କେମିତି ବା ରହିଥାନ୍ତା କିଏ ନିରପେକ୍ଷ
ପରିଚୟ ଯେଉଁଠି ଜୀବନର
ଜତୁଗୃହ ଓ ହାହୁତାଶରେ ଭରପୁର

"ଈର୍ଷା" କ'ଣ ଖାଲି ଏକ ଶବ୍ଦ !
ଏତ ଏମିତି ଏକ ଅଗ୍ନିସ୍ରୋତ
ଯାହା ଜାଳିପୋଡି ଦେଇପାରେ
ସମଗ୍ର ଜୀବନ
କରିପାରେ ସବୁ ବରବାଦ

ସଭାଗୃହରେ ଖାଲି
ପଶାପାଲିର ଗୋଟି ଚାଲେନା
ସେଠି ରଡନିଆଁ ପରି ଝୁଲେ
କେଇ ଯୋଡା ଆଖି
ଅପମାନ, ପ୍ରତିହିଂସା, ପ୍ରତିଶୋଧ ଓ କାମନାର
ସମସ୍ତେ ନୀରବ ସେଠି, ସମସ୍ତେ ଅନ୍ଧ

ସମସ୍ତଙ୍କ ଓଠ ଚୁପ୍, ସମସ୍ତେ ଦାୟବଦ୍ଧ
ଲୁହ ନୁହେଁ ଲହୁ ଝରୁଥାଏ ନାରୀଟିର
କେଜାଣି କେମିତି ପ୍ରାର୍ଥନା
ରୂପଧରେ ସହସ୍ର ବସ୍ତ୍ରର

ସ୍ୱାମୀ ଜଣେ ହେଉ କି ପାଂଚ ଜଣ
ନପୁଂସକ ହେଉ କି ଯୋଦ୍ଧାଗଣ
ତାର କି ଯାଏ
ତା ପାଇଁ ନାରୀଟି ତ କେବଳ ଏକ ଶରୀର !!!

ଯେଉଁଠି ସ୍ୱୟଂ ମହାକାଳ ଫେରେ
ଖାଲି ହାତରେ
ସେଠି ବା ଯୁ କାହାର
ଫିଟାଇବାକୁ ପାଟି
ହେଉପଛେ ସେ କୂଳବୃଦ୍ଧ କି
ସଂସାରର ଶ୍ରେଷ୍ଠ ଧନୁର୍ଦ୍ଧର

ଆରମ୍ଭ ହୁଏ ଯୁଦ୍ଧର ମହାକାବ୍ୟ
ପକ୍ଷ, ପ୍ରତିପକ୍ଷ ଏଠି ସମସ୍ତେ ଶରବ୍ୟ
ପଂଚଜନ୍ୟ ବାଜିଉଠେ ଆରମ୍ଭେ ଯୁଦ୍ଧର
ନିୟମ ଗଢା ହେଉଥାଏ କେବଳ ଭାଙ୍ଗିବା ପାଇଁ
ବିଜୟର ବାନା ଉଡେ ବାରମ୍ବାର ଅଧର୍ମର

ଜାଣିନି ମୁଁ କେତେ ସତ୍ୟ
ତତ୍ର ହିଁ ବିଜୟ ଯତ୍ର ଯୋଗେଶ୍ୱର
ମତେତ ଦିଶୁଥାଏ
ଘୁଙ୍ଗୁଲା ହାତ, ଶୂନ୍ୟ ସୀମନ୍ତ
ଆଉ ଘଡି ଘଡି ଶୁଭୁଥାଏ
ବୁକୁଫଟା କାନ୍ଦ ବିଭିନ୍ନ ନାରୀର

ବୋଧହୁଏ ସବୁ ଯୁଦ୍ଧ ଏମିତି
ନିର୍ଣ୍ଣୟ କେଉଁଠି ଲଢେ କିଏ
ଆଉ କାହାର ବଦଳିଯାଏ
ସମ୍ପୂର୍ଣ୍ଣ ନିୟତି !!!!!

ସୂତପୁତ୍ର

ଏକ କିଶୋରୀ ମନ
ସୂର୍ଯ୍ୟଙ୍କୁ ନେଇଆସେ ପାଖକୁ
ଫାଟିଯାଏ କାନ
ଭାଗ୍ୟଟି ରୁଧିରବୋଳା ହେଇ
ଭାସିଯାଏ ମଞ୍ଜୁଷାରେ

ଏପରି ଯଦି ଜନ୍ମଲଗ୍ନ
ଆମୃତ୍ୟୁ ବେଢିରହିବ ତ ପ୍ରଶ୍ନଚିହ୍ନ !

କଥା ଶିକ୍ଷାର ହେଉ ବା ପ୍ରେମର
ସବୁଠି ଆସିଯାଏ କୂଳଗୋତ୍ର
ବଂଶ ପରିଚୟ ଆଢୁଆଳରେ
ଲୁଚିଯାଏ ପୁରୁଷକାର

କ'ଣ ଏତିକି କଥା ବି ଅବୁଝା
ଯେ କୂଳ ବଂଶ ଖୋଜି
ଜନ୍ମ ନେବାର ଅଧିକାର
ନଥାଏ ଜନ୍ମିତର !

କେତେ କଥା କେତେ ଗାଥା
କେତେ ଛନ୍ଦ ବାନ୍ଧି
ଗଢିଯାଏ କାଳ ନିରବଧି ।

ସ୍ୱପ୍ନ ସତ ହୁଏ ଶିରୋପା ହେଇ
କେଉଁ ଏକ ସ୍ପର୍ଦ୍ଧିତ ଅହଂକାରର
ଆଲିଙ୍ଗନ କରି ବସାଏ ସିଂହାସନରେ
କରିଦିଏ ବଶମ୍ବଦ ବନ୍ଧୁତାର ଦାୟରେ

ଭାଗ୍ୟ ଟିକେ ସଳଖିଲା ବୋଲି ଭାବେ
କବଚ କୁଣ୍ଡଳ ମଣ୍ଡିତ
ନିଜ ପୁରୁଷାର୍ଥରେ ପରିଚିତ ବୀର
ହୁଃ ! ଏଡେ ସହଜ କି ଆଡେଇ ଯିବା
ଅଦୃଷ୍ଟର ତିନିଗାର

ବରଂ ବେଶି ଗାଢ ହୁଏ ଉତ୍କଣ୍ଠା
ବେଶି ପ୍ରଶ୍ନଚିହ୍ନ ଲାଗେ ପୁରୁଷାର୍ଥରେ
ସତେ ଯେମିତି ଜୀବନ ଏକ
ଅସରନ୍ତି ବାକ୍ୟର ଗୁଡାଏ କମା ଓ
ଶେଷରେ ପ୍ରଶ୍ନଚିହ୍ନ !!!

ଫେରିଆସିଲା ଉଦ୍ୟତ ତୀର ଲକ୍ଷ୍ୟରୁ
ଶ୍ୟାମଳବରଣୀ ରାଜକନ୍ୟାଟିର
ଥର ଥର କଣ୍ଠ ଓ ଲୁହଭରା ଆଖି
ଆଉ ଏକ ଶ୍ୟାମଳ ଇଙ୍ଗିତରେ
ଘୋଷଣା କଲା ତା ବରଣମାଳା
ଯୋଗ୍ୟ କେବଳ କ୍ଷତ୍ରୀୟ ରକ୍ତର
କୂଳଗୋତ୍ରହୀନ ସୂତପୁତ୍ର

କଦାପି ଯୋଗ୍ୟ
ନୁହେଁ ସେ ବରନାରୀର

ଦୃଢ ହୁଏ ସୂତପୁତ୍ର, ଜ୍ଞାନୀ ହୁଏ
ହୁଏ ପୁଣି ମହାଦାନୀ
ମାନୀ ସହ ମିଶି ଯୁଦ୍ଧକୁ ଯାଏ
ଠିକ୍ ଏତିକିବେଳେ ଆସେ ସେ ପ୍ରତିକ୍ଷୀତା ନାରୀ
ଆଭାଶୂନ୍ୟ ମୁଖ, ଆଲୁକାୟିତ କେଶ
କେଡେ କରୁଣ କଣ୍ଠରେ ନାରୀଟି କହେ
ମତେ ତୁ ଚିହ୍ନିନୁ ବାପା
ଗର୍ଭ ଧାରିଣୀ ମୁଁ ତୋ'ର
ମୋ କଥା ମାନି ଚାଲିଆ ମୋ ପାଖକୁ
ସବୁ ମିଳିଯିବ ତତେ
ହାତୀ, ଛତି, ପାଟବସ୍ତ୍ର, ସିଂହାସନ ଓ ନଅର

ଠିକ୍ ଏଇକଥା ଦୁଇଦିନ ତଳେ
କହିଥିଲେ ସେ ସୋମ୍ୟ ଶ୍ୟାମଳ ହସଧାର

ହାୟ ଭାଗ୍ୟ !
ପ୍ରଶ୍ନ ଚିହ୍ନଭରା ବାକ୍ୟରେ
ଏକି ଅଭିନବ ଯୋଜନା ପୂର୍ଣ୍ଣଚ୍ଛେଦ ଟାଣିବାର !!

ଫେରିଯାଅ ମାତା
ଦେଇ ସାରିଛି ଜଣେ ଅସହାୟ ପିତାକୁ
ମୋ କବଚ କୁଣ୍ଡଳ
ମୋ ପାଖରେ ଗଚ୍ଛିତ କେବଳ ମୋ ପୁରୁଷକାର
ଏବେ ଆଉ କଣ ହେବ
ତୁଚ୍ଛା ବଂଶ ପରିଚୟର !

ଯୁଦ୍ଧ ଯୁଦ୍ଧ ଘମାଘୋଟ ଯୁଦ୍ଧ
ସବୁ ନିୟମ ଭାଙ୍ଗିବାର ଯୁଦ୍ଧ
ସାତଜଣ ମିଶି ବାଳକଟିକୁ
କଲବଲ କରି ମାରିବାର ଯୁଦ୍ଧ
ନିଜ ଅଟ୍ଟହାସକୁ ନିଜ କାନରେ ଶୁଣିବାର ଯୁଦ୍ଧ

ସମ୍ମୁଖରେ ମୃତ୍ୟୁ
ଶେଷ ସମୟଯାଏ ତଥାପି ଗଢି ହେଉଥାଏ
ବିଶ୍ୱାସର ବାଲିଘର
ରଚି ହେଉଥାଏ ସ୍ୱପ୍ନ ମିଶା କୁଡିଆଟି ପ୍ରତ୍ୟୟର
ଏସବୁ କିନ୍ତୁ କିଛି ଚଳେନା
ଛଳନା ଆଗରେ
କେତେ ଅବା
ଯୁ ପରୁଷକାରର
ଯବନିକା ପଡେ ଜନ୍ମରୁ
ମୃତ୍ୟୁଯାଏ ଗୋଡଇଥିବା
ଦୁର୍ଭାଗ୍ୟର
ବିଦ୍ୟା ସବୁ ହୁଏ ବିସ୍ମରିତ
ଛୁଟି ଆସେ ତୀର
ଶେଷ ସବୁ ଶେଷ

ଇଚ୍ଛା କିନ୍ତୁ ପୁରୁଷକାରର ଏବେବି ଅପୂର୍ଣ୍ଣ
ହଁ ସେ ଲଭିବାକୁ ଚାହେଁ ଜନ୍ମ ବାରମ୍ବାର
କେବଳ ଏତିକି ପରିଚୟରେ
ସେ ସୂତପୁତ୍ର
ସୂତପୁତ୍ର।

କାହାଣୀ

ଏଇଟି ଗୋଟେ କାହାଣୀ
ଆପଣମାନଙ୍କୁ ଜଣାଥିବ

ସେ ନାରୀ ଥିଲେ
ଅପହୃତା ମଧ୍ୟ
ତାଙ୍କ ପତିଙ୍କ ଦୂତ ତାଙ୍କୁ
ଫେରାଇ ନେଇଥାଆନ୍ତେ
ସେ କିନ୍ତୁ ଗଲେନି
ବାର୍ତ୍ତାଦେଲେ ସ୍ୱାମିଙ୍କୁ
"ପରାଜିତ କରି ସମ୍ମୁଖ ସମର ରେ ଶତ୍ରୁକୁ
ଖୋଜି ଆଣିଦିଅ ମୋ ହୃତ ଗୌରବକୁ"

ଅପହର୍ତ୍ତାର ମୃତ୍ୟୁପରେ ପ୍ରଶ୍ନ ଉଠିଲା
ତାଙ୍କ ପବିତ୍ରତା କଣ ସତରେ ସୁରକ୍ଷିତ!!!!
ହସି ହସି ଚିତାରେ ପଶିଲେ ସେ
ନିଆଁ କିନ୍ତୁ ପୋଡିଲାନି ତାଙ୍କୁ
ପୋଡାମନ ଦେଖି ନିଆଁ ବି ଶଙ୍କିଗଲା !!!!!

ଆସନ୍ନ ମାତୃତ୍ୱକୁ ନେଇ
ଉଲ୍ଲସିତ ହେବା ଅବସରରେ ହିଁ
ଆସିଲା ବନବାସ ଯିବାର ଆଦେଶ

ପତିପ୍ରାଣା ହେଲେ
ନିର୍ବାସିତ ହେବାକୁ ହୁଏ!!!
ଏତିକିରେ ସରିଲାନି କାହାଣୀ
ଆଉଥରେ ନିର୍ଦ୍ଦେଶ ଆସିଲା
ଦେବାକୁ ପରୀକ୍ଷା ପତିବ୍ରତା ର
ସେ କିଛି ନକହି ଆଶ୍ରା
ମାଗିଲେ ମା' କୋଳରେ

ମା' ବସୁଧାଙ୍କ ସହ ତାଙ୍କ ଶେଷ ଯାତ୍ରା ବେଳେ
ତାଙ୍କ ଆଖି ଯାହା କହୁଥିଲା
ତାହା ଏବେ ଅଛି ମୋ ଆଖିରେ
କାହାଣୀ ଶେଷ ...

ଅପମୃତ୍ୟୁ

ତୁମେ ଥିବାବେଳେ
ତୁମକୁ ହୁଏତ ଜାଣୁଥିବେ
ପଚାଶ ଶହେ ସରିକି ଜନ
ତୁମେ ଯିବାପରେ କିନ୍ତୁ
ସବୁଠି ବିଦ୍ୟମାନ ।

ତୁମକୁ ନେଇ ସରଗରମ ରାଜନୀତି
ହୋ ହାଲ୍ଲା ବିଧାନସଭା
ତୁମେ ଏବେ ଖବରକାଗଜର ଶିରୋନାମା
ଦୂରଦର୍ଶନର ମାଛ ହାଟରେ ତୁମର
କାଟତୀ ଖୁବ୍ ବେଶି
ବଡ ବଡିଆଙ୍କ ବୈଠକୀ
ତୁମ କଥାରେ ମୁଖର
ଚା' ଖଟିରେ ତ ତୁମେ
ପାଲଟି ଯାଇଛ ଖୋଦ୍ ଈଶ୍ୱର

ତୁମକୁ ନେଇ ଲେଖାହେଲାଣି
କେତେ ଗପ, କବିତା, ଉପନ୍ୟାସ ନାଟକ

ତୁମପାଇଁ ମାଳ ମାଳ ଯୋଜନା ସବ୍‌ସିଡି
ସବୁଥାଇଁ ତୁମେ ଏ କଣ କଲ

ଋଣଟଙ୍କା ବିଲରେ ନ ପକାଇ
ଝିଅ ପୁଅ ବାହା ପୁଆଣିରେ
ମଉଜ କଲ ।
ସହଜେ ଟାଣଟୁଣ ଘରକରଣା
ତହିଁରେ ଏ ଦୁର୍ଲ୍ଲଭ ସଉକି ପାଳିବାକୁ
ତୁମର ହେଲାନି ଟିକେ ମନ ଉଣା

ଏମିତି ତ ତୁମେ ଯିବା ଏକ
ନିରନ୍ତର ପକ୍ରିୟା
ତୁମ ଆତ୍ମଘାତର କାରଣ
ତ କେବଳ ଘରକଳି
ତୁମ ପାଇଁ ଆଉ କି ସମବେଦନା

ତୁମେ ଏମିତି ମରୁଥାଅ ହୋ
ବଗର୍ତ୍ତୀ ପୁଅ
କୀଟନାଶକ, ନଈପୋଖରୀ
ଅବା
ଦୁଇ ହାତ ଦଉଡିର ଆଶ୍ରାରେ
ବର୍ଷ ପରେ ବର୍ଷ
କୃଷି କର୍ମଣ ପୁରସ୍କାର ପାଇ
ଆମେ ବି ମସଗୁଲ୍ ନିଶାରେ ।

ଯାଯାବରୀ ସ୍ୱପ୍ନ

ପାଠକେ !
କବିତା ଲେଖିବାକୁ ବସିଛି
କିଛି ତ ନିଶ୍ଚୟ ଲେଖିବି
ତେବେ କିଛି କ୍ଷଣ ବିରତି ଚାହିଁବି
ଅତି ଜରୁରୀ କାମ ବାକି
ଅନ୍ୟଥା ନେବେନି ମୁଁ ତୁରନ୍ତ ଫେରିବି ।

ମତେ ଉତ୍ତର ଦେବାକୁ ହେବ କିଛି ଚିଠିର
ଚିଠି ଆସିଛି ସୀମାନ୍ତରୁ
ଲେଖିଛନ୍ତି ପ୍ରହରୀଗଣ ଦେଶର
ଆପଣାର ଲହୁ ନିଗାଡି ଦେଲା ପରେ ବି
ସେମାନଙ୍କ କର୍ତ୍ତବ୍ୟ ଉପରେ ଦେଖି
କିଛି ନ ପୁଂସକ ପ୍ରଶ୍ନ ଚିହ୍ନ
ସେମାନେ ଅତି ମ୍ରିୟମାଣ
ତାଙ୍କୁ ଉତର ଲେଖିବି
"ଶୁଣ ମୋ ମାତୃଭୂମିର ବୀରଗଣ
ଦେଶ କେବଳ ଏଇମାନଙ୍କୁ ନେଇ ଗଢା ନୁହେଁ
ଯିଏ ମାଗୁଛନ୍ତି ତୁମ ନିଷ୍ଠାର ପ୍ରମାଣ
ଏଠି ସଭିଏଁ ଜାଣନ୍ତି ତୁମେ ଅପରାଜେୟ ବୀର
ତୁମେ ଗାନ୍ଧୀ, ସୁଭାଷ, ବିବେକାନନ୍ଦ
ଓ ଗଫୁର ଖାଁଙ୍କ ବଂଶଧର

ମୋର କିଛି ଉପହାର ପଠେଇବାକୁ ଅଛି
ସୁରକ୍ଷା କର୍ମୀଙ୍କ ଘରକୁ ପ୍ରତି ପୂଜା ପର୍ବରେ
ଏଇ ଦେଖୁନାହାଁନ୍ତି ସେମାନେ କେମିତି
ଗଳଦଘର୍ମ ଆମକୁ ସୁରକ୍ଷା ଦେବାରେ
କିଏ ଆଉ ଉପହାର ନେଇ ପହଁଚିବ
ସେମାନଙ୍କ ପିଲାଙ୍କ ପାଖରେ !

ଟିକେ ଯିବି ମୋ ଦେଶକୁ ଭାତହାଣ୍ଡି
ଯୋଗାଉଥିବା ହାତମାନଙ୍କ ପାଖକୁ
ସେମାନଙ୍କୁ କହି ଆସିବି ସରାଗରେ
ଏଥର ଋଣଛାଡ କି ସହାୟତା ରାଶି ନୁହେଁ
ସେମାନଙ୍କ ପ୍ରତି ଝାଳ ବିନ୍ଦୁର ସହାୟକ ମୂଲ୍ୟ
ସ୍ଥିର ହେବ ସରକାରୀ ଫାଇଲ୍‌ରେ
ନଈ, ପୋଖରୀ, କେନାଲ୍ ବା ଜଳ ସଂରକ୍ଷଣ
ଯୋଜନା ଯେମିତି ହେଉ ପଛେ
କ୍ଷେତ ସବୁ ହେବେ ଶସ୍ୟଶାମଳା
ଗାଁ ପୁଅ ଗାଁ ରେ ରହିବ
ଖଟିବାକୁ ଯିବନି ଦାଦନ

ଆଉ କିଛି ପ୍ରଶ୍ନ ପଚାରିଛନ୍ତି
ଆମ ପ୍ରିୟ ବିଜ୍ଞାନର କାରିଗର
ଚିରନମସ୍ୟ ଅବଦୁଲ୍ କଲାମ୍‌ଙ୍କ ବଂଶଧର
ନିଜ ଜ୍ଞାନ ପ୍ରଗତି ପାଇଁ ଖର୍ଚ୍ଚ କରିବେ ନା
ଗଢୁଥିବେ ଖାଲି ହତିଆର
ଗୋଟେ ସ୍ମିତହସରେ କହିବି ସେମାନଙ୍କୁ
ନିଜ ବିବେକକୁ ପଚାରି ତାହା ହିଁ କର
ଯାହା ହେବ ଶୁଭଦାୟୀ ପୁରା ଦୁନିଆର

ଅନ୍ୟ ଏକ ବିସଙ୍ଗତିର ଗୁଂଜନ କାନରେ ମୋର
ଏବେ କୁଆଡେ ବାୟୁମଣ୍ଡଳ ସାରା
ଅସହିଷ୍ଣୁତାର ସ୍ୱର
ଥୋକେ କହୁଛନ୍ତି
ମନଇଚ୍ଛା ମତ ରଖିବାର ସ୍ୱାଧୀନତା
ସମସ୍ତଙ୍କ ସାମ୍ବିଧାନିକ ଅଧିକାର
ବନ୍ଦେ ମାତରଂ ଗାଇବାକୁ
ଅନୁମତି ଦିଏନା ଧର୍ମ
ତେଣୁ ସେଥିପାଇଁ ଅଛି ବିକଳ୍ପ ବ୍ୟବସ୍ଥା
ନିଜେ କରିପାରିବ ସ୍ଥିର
କେଉଁଠି ରଖିବ ଆସ୍ଥା କେଉଁଠି ଅନାସ୍ଥା
ଆଖିରେ ଆଖି ମିଶେଇ ଦେଇ ଆସିବି ଉତର
ଦେଶର ମାଟି, ପାଣି, ପବନ ପରି
ଏକଥା ସତ୍ୟ
ବିକଳ୍ପ ବ୍ୟବସ୍ଥା ନଥାଏ ଜନନୀ କି ଜନ୍ମଭୂମିର

ଆହୁରି ଦେବାକୁ ଅଛି କେତେ
ଅସମାହିତ ପ୍ରଶ୍ନର ଉତର
ହେଲେ ଏ ଲୋକତନ୍ତ୍ରର ଶଙ୍ଖନାଦ
ନିନାଦିତ ହେଲାବେଳେ
ଆଉ ଅଧିକ କଣ କହିପାରିବ
ଶବ୍ଦଙ୍କ ଏ କ୍ଷୁଦ୍ର କାରିଗର

ତେଣୁ କିଛି ସମୟ ପରେ
ମୁଁ ଫେରିବି ନିଶ୍ଚିତ
ମୋର ଏ ଯାଯାବରୀ ସ୍ୱପ୍ନ ସହ
ତା ପରେ
ଆମେ ସମସ୍ତେ ମିଶି ବଂଚିବା
କିଛି ଖୁସିର ମୁହୂର୍ତ୍ତ

ଅପ୍ରକାଶିତ

ସକାଳର ଚା ସହ ଖବରକାଗଜ
ଢୋକିବାର ପୁରୁଣା ଅଭ୍ୟାସ ମୋ'ର
ଆଜି ସକାଳୁ କିନ୍ତୁ ହକର ଦେଇନଥିଲା କାଗଜ
ପିତ୍ତ ଚଢ଼ିଲା ମୁଣ୍ଡକୁ
ଫୋନ କରି ମନଇଚ୍ଛା ବକିଲି ହକରକୁ

ପୁରା ଗାଳି ଶୁଣିଲା ପରେ
ବିକଳ ହୋଇ କହିଲା ସେ
କଣ କରିବି ଆଜ୍ଞା
ଆଜି ପରା ଆସିନି କାଗଜ

ଖୋଳତାଡ କରି ଜାଣିଲି
ଗତକାଲି କିଛି ଛୁଟି ବି ନଥିଲା

ସଂପାଦକଙ୍କ ସହ କଥାହେଲି
ଦୈନିକ କାଗଜ ଆଜି କାହିଁ ଅପ୍ରକାଶିତ
ବୋଲି କାରଣ ଖୋଜିଲି

ଟିକେ ଭାରି କଣ୍ଠରେ କହିଲେ
ସଂପାଦକ ମହୋଦୟ
କେମିତି ଛାପିଥାନ୍ତି

ଆଜି ପରା କୋଉଠି ବି ମିଳିଲାନି
ରକ୍ତ ଦାଗ
ପବନରେ ଭାସିଲାନି ବାରୁଦର ଗନ୍ଧ
ଧରାପଡିଲାନି ଆୟ ବହିଃର୍ଭୁତ ସମ୍ପତ୍ତି
ପହଁଚିଲାନି ନୂଆବୋହୁଟିର ଅସାଡ ଦେହ, ଡାକ୍ତରଖାନାରେ
ହିଡ ମୁଣ୍ଡରୁ ମିଳିଲାନି ଖାଲି ଶିଶି କି
ଖଇନୁ ବଗର୍ତ୍ତୀ
ଗାଡି ମଟର ସବୁ ପହଁଚିଲେ ଠିକଣା ଜାଗାରେ
ନିରାପଦରେ
ଚିରିଲାନି ଫ୍ରକ୍ କି ଶାଢୀ
ବିଶ୍ୱାସ ବନ୍ଦୀ ହୋଇ ବୁଲିଲାନି ଭାଇରାଲ ଭିଡିଓରେ
ସଂସଦ କି ବିଧାନସଭାରେ ଶୁଭିଲାନି ହଟ୍ଟଗୋଳ
ନେତା, ହାକିମ, ଧର୍ମଗୁରୁ ସବୁ
ସତସତିକା ମିଷ୍ଟର କ୍ଲିନ୍

ସବୁଆଡେ କେମିତି ଗୋଟେ
ଅପୂର୍ବ ଶାନ୍ତି, ଅଦ୍‌ଭୁତ ନୀରବତା
ଧାଡି ଧାଡି କଦମ୍ବ
ଗଗନ ପବନ ପ୍ରକମ୍ପିତ
“ଲୋକାଃ ସମସ୍ତ ସୁଖିନାଃ ଭବନ୍ତୁ”
ଉଚ୍ଚାରଣରେ ----

ଏଥିରେ କେମିତି ବାହାରିବ ଖବରକାଗଜ
ବକ୍ଷରେ ଧରି ଏ ମଧୁର ପ୍ରେମ ସଙ୍ଗୀତ
ବରଂ ତାହା ଆଉ ଅପ୍ରକାଶିତ ।

ହାରଜିତ୍

ବାଜିଲାଣି ରଣ ଦୁନ୍ଦୁଭି ସଖୀ ଜାଣୁନାହୁଁକି
ସତକହ ମହୋତ୍ସବରେ ତୋର ଭାଗ ନାହିଁ କି ?

କି କହିବି ତୋତେ ସଖୀରେ ବଡ ଗହନ କଥା
ବୁଝିପାରୁନି ମୁଁ କାହିଁକି ମୋର ଘୁରାଏ ମଥା

କେତେ କଠିନ ଏ କରମ
ଜାଣିପାରୁନାହିଁ ଯାହାକୁ ବାଛିବି
ସିଏ ଦକ୍ଷିଣ ନା ବାମ

ସବୁଠୁ ପୁରୁଣା କହି ଯିଏ ବଢେଇଛି ହାତ
ଚେତନା ତାହାର ହେଇଛି ପଥର
ଜଣାନାହିଁ କେବେ କେଉଁ ଭଗୀରଥ ଆସି
କରିବ ତାକୁ ଶାପମୁକ୍ତ

ବିଶ୍ୱବିଦ୍ୟାଳୟ ଡିଗ୍ରୀ ସହ ସବୁବେଳେ
ବାମପଟେ ଚାଲୁଥିବା ଯାତ୍ରୀମାନେ
ଏବେ ଦୁଇ ଆଖି ବୁଜି ଚାଲୁଛନ୍ତି ବାଟ
ନିଆଁ ଥାଉ ନଥାଉ ଚାରିଆଡେ ଧୂଆଁ ଧୂଆଁ
କହି କରନ୍ତି ହଟଚମଟ

ସବୁ ସମାନ, କେହି ଭିନ୍ନ ନୁହେଁ କହୁଥିବା
କ, ଖ, ଗ ମାନଙ୍କୁ ଦିଶେ ସବୁ ସମାନ

ଯେବେ କାଜୁଭଜା ସହ ମିଳିଯାଏ
କିଛି ପାନୀୟ ରଙ୍ଗିନ୍

ଡାଉଁଆଙ୍କ କଥା କହନାଲୋ ସଖୀ
କିଏ କଣ ଖାଇବ, କେମିତି ରହିବ
କାହାକୁ ପୂଜିବ ଏସବୁ ଏମାନଙ୍କ
ଦିନରାତି ଚିନ୍ତା
କହିଲୁ ସଖୀ
ଏତେ ଅସହଣି କଣ ଠିକ୍ କଥା
ତହିଁରେ ପୁଣି ଏମାନଙ୍କ
ପୁଞ୍ଜିପତିଙ୍କ ସହ ଭାବ
କିଏ ଅବା କାହିଁକି ସହନ୍ତା !!

ତଥାପି ଏ ମାଟିର ପାଣି ପବନ ଭୋଗିଛି
କେମିତି ଭୁଲିବି ନିଜର ଦାୟିତ୍ୱ
ସାନ, ତହିଁରୁ ସାନ, ସବୁଠୁ ସାନ
ବଡ, ସବୁଠାରୁ ବଡ ପ୍ରସ୍ତାବିତ ମାନଙ୍କ
ମଧ୍ୟରୁ ବାଛିବି ଯୋଗ୍ୟ ନିୟାମକ
ସେଇଠି ମାରିବି ମୋହର
ନଚେତ୍ ରହିଯିବ ଅବଶୋଷ
ଦେଶ ଗଢଣରେ ଛୋଟ ଭାଗିଦାରୀ
ରହିଲାନି ମୋର

ଭାବୁଛୁକି ସଖୀ ଭରମ ଏ ମୋ ମନର
ମୁଁ ଜାଣେଲୋ ସଖୀ
ଗଣତନ୍ତ୍ରର କୁଆଁରାବଠୁ ଏ ଯାଏ
ଏଠି ହାରିନାହାଁନ୍ତି କୌଣସି ଦଳ
କେବଳ ହାରିଛି ଜନତା ଏ ଦେଶର ।

ଅବତାର

ଆପଣ ହିଁ କହିଥିଲେ ପ୍ରଭୁ
ମହାଭାରତ ଯୁଦ୍ଧରେ
ଶ୍ରୀକୃଷ୍ଣ ଅର୍ଜ୍ଜୁନ ସମ୍ବାଦରେ ....
ଯେବେ ଧର୍ମର ହେବ ଗ୍ଲାନି ଓ
ଅଧର୍ମର ଅଭ୍ୟୁତ୍‌ଥାନ
ଆପଣ ଆସିବେ ଧରାକୁ

ଏବେତ ଏଠି ସବୁଦିନ ଆବଶ୍ୟକ
ଅବତାର ଅବତରଣର
ଆପଣ କେବେ କରିବେ ଧରାବତରଣ
ହେ ନାରାୟଣ ହେ ନାରାୟଣ

ମୁରୁକି ହସି ଅର୍ଦ୍ଧନୀମିଳିତ ନୟନରେ
ଚାହିଁଲେ ଶ୍ରୀହରି
ଇସାରାରେ ଆଦେଶିଲେ ବସିବାକୁ ନାରଦଙ୍କୁ
ଯିଏ ଠିଆ ହୋଇଥିଲେ ତଳକୁ ମୁହଁ କରି

ଟିକେ ସଳଖି ବସି କହିଲେ ଜଗତପତି
ଆହେ ଭକ୍ତଶ୍ରେଷ୍ଠ !
ତ୍ରିଭୁବନର ପ୍ରଥମ ସାମ୍ବାଦିକ
କାହିଁକି ଶୁଖିଛି ତୁମ ସୁନ୍ଦର ଶ୍ରୀମୁଖ

ଅବସନ୍ନ ନାରଦ ଯୋଡହସ୍ତେ କହିଲେ ପ୍ରଭୁଙ୍କୁ
ହେ ସଂସାର ପାଳକ

ତ୍ରିଭୁବନର ନାୟକ !
ଦେଖନ୍ତୁ ଜନଗଣ ଆତଙ୍କିତ
କେତେ କିସମର ଦୁଃଖରେ ପୀଡିତ
ଦୁର୍ନୀତି ହେଲାଣି ନୀତି
ଭ୍ରଷ୍ଟାଚାର ପାଲଟିଲା ଶିଷ୍ଟାଚାର
କାଳ ବିଳମ୍ବ ନକରି ଅବତରି ଆସନ୍ତୁ ପ୍ରଭୁ
ସନ୍ଥଙ୍କୁ ପାଳି କରନ୍ତୁ ଦୃଷ୍ଟଙ୍କୁ ସଂହାର

ହାଃ ହାଃ ନାରଦ
ତୁମେ ବି ନା
ସତରେ ବାଉଳା

ମଣିଷ କଣ ସତରେ ଅଛି ଦୁଃଖରେ
ନା ଖୋଜୁଛି ମତେ ଅନ୍ତରରେ ?

ତୁମେ ଦେଖୁନ ଏତେ ମଠ ମନ୍ଦିର
ଧର୍ମଗୁରୁ
ସେମାନଙ୍କ ଶହ ଶହ ଏକର ପରିମିତ ସାମ୍ରାଜ୍ୟ
ସମ୍ରାଟ ସୁଲଭ ଜୀବନ
ଅଚିରେ ଭରିଯାଉଥିବା ଦାନବାକ୍ସ
ଶହ ଶହ ଧାର୍ମିକ ଟିଭି ଚ୍ୟାନେଲ୍

ଏଠି କ'ଣ ସତରେ ଆବଶ୍ୟକତା ଅଛି
ମୋ ଅବତରିବାର!!!
ଯାହା ଅଭାବ ଅଛି ତାହା ମୁଁ
ପୁରା କରିବାରେ ଅକ୍ଷମ ଦେବର୍ଷି
ମଣିଷକୁ ନିଜେ ହିଁ ଖୋଜିବାକୁ ହେବ
ତା'ର ହଜିଥିବା ପେଡି
ମଣିଷ ପଣିଆର ....

ନାଟକର ନାଁ ନାରୀ

ପ୍ରଥମ ଦୃଶ୍ୟ
ଦୁହିତା ଦୁଇକୂଳକୁ ହିତା
ଜନନୀ ଜନ୍ମଭୂମିଠୁ ବଡ
ପରସ୍ତ୍ରୀ ମା ସମାନ
ନାରୀଙ୍କୁ ପୂଜିଲେ
ମିଳନ୍ତି ନାରାୟଣ
ଛାଡ ହୋ ଏ ବେକାର କଥା
ଏସବୁ ସୁନ୍ଦର ମଂଚରେ
ପଢା ବହିରେ ---

ଝିଅ, ସ୍ତ୍ରୀ, ମା, ଭଉଣୀ
ଅବା ସର୍ବନାମ ନାରୀ ହେଉ
ନିୟତି ରେ ଲେଖା
ପଥର ହେବା, ବାଜି ଲାଗିବା
ମାତୃଗର୍ଭରୁ ବାହୁଡିଯିବା
ନଚେତ୍ ଅପନ୍ତରାରୁ ମିଳିବା --

ହଃ ମାଇକିନା ଝିଅ
ହାକିମ ହେଉ କି ଅଭିନେତ୍ରୀ
ଲକ୍ଷ୍ମୀ ହେଉ କି ମୁକ୍ତିଦାତ୍ରୀ
ଭାଗ୍ୟଟି ଅଟକିଛି ଚୁଲିମୁଣ୍ଡରେ

ଲୋ ରେବୀ ଲୋ ନିଆଁ
ଲୋ ଚୁଲିରେ ------
ଅତିବେଶିରେ ଜରତା କି
ଅମ୍ବାପଲ୍ଲୀରେ

ଦ୍ୱିତୀୟ ଦୃଶ୍ୟ
ଆରେ ଏ କଣ ?
ନାରୀଟି ବହି ପୃଷ୍ଠାରୁ
ଚୁଲି ମୁଣ୍ଡରୁ ମୁକୁଳି
ଆସି ବାହାରେ ଠିଆ
ସଳଖି ନିଜ ମେରୁଦଣ୍ଡ
ସେ ଏବେ ପୋଛିଦେବ
ଅହଲ୍ୟାଙ୍କ ଲୁହ
ଉଠେଇ ଆଣିବ ସୀତାଙ୍କୁ ନିଆଁରୁ
ଫେରାଇଦେବ ଦ୍ରୌପଦୀଙ୍କ ବସ୍ତ୍ର
ତା ପୁଣି ବିଲ୍‌କୁଲ୍ ନିରସ୍ତ୍ର

ସମସ୍ତେ ଧରିନେବେଣି
ଏହା ନାରୀଟିର ଅତ୍ୟଧିକ
ଆତ୍ମ ବିଶ୍ୱାସ
ନାରୀଟି କିନ୍ତୁ ଜାଣେ
ପାଂଚଫୁଟ ଉଚ୍ଚତାରେ
ପାଂଚମିଟର ଶାଢୀ ପିନ୍ଧି
ସିନ୍ଦୁର କଜଳ ନାଇ
ସେ ପାଟ ଦେଇ
ପ୍ରତିମା ନାଏକ ଅଲକା ସାନ୍ୟାଲ
କି ଚନ୍ଦ୍ରା ବେହେରାଣୀ ନୁହେଁ
ସେ ଏବେ
ସମ୍ପୂର୍ଣ୍ଣ ମଣିଷ

ସ୍ୱର୍ଣ୍ଣପରୀ

ତୁମେ ଯେବେ ଦୌଡୁଥିଲ
ନିଜ ଭୂମି ସହ ନିଜ ଭାଗର
ଆକାଶକୁ କରୁଥିଲ ସ୍ୱର୍ଣ୍ଣିମ
ସେବେ ଆମେ ଥିଲୁ ଅଧୋବଦନରେ
ବାରମ୍ବାର କରୁଥିଲୁ ଚର୍ଚ୍ଚା
ଧେତ୍- ଫାଇନାଲକୁ ଗଲାନି ଭାରତୀୟ ଏକାଦଶ
ଯାଃ ତୁଟି ଗଲା ଆମ ସବୁ ଦମ୍ଭ ସାହସ
ସତେ ଯେମିତି ଆମ ଅସ୍ମିତାର ହେଲା ସର୍ବନାଶ
ଚାରିଆଡେ କେବଳ ହା ହୁତାଶ
ହାଏରେ ଆମ ଗୋଲାମୀ ମାନସିକତା !!!!

ତମର କିନ୍ତୁ ନିଘା ନଥିଲା କେଉଁଠି
ତମ ଦୌଡିବା ଜାରିଥିଲା ହେ ଭାରତ ପୁତ୍ରୀ
ପଦକ ପରେ ପଦକ ଗଳାରେ ଝୁଲାଇ
ଉଣେଇଶ ଦିନରେ ହେଲ ସ୍ୱର୍ଣ୍ଣପରୀ
ସବୁଠି ଆଙ୍କିଲ ନିଜ ପଦ ଚିହ୍ନ
ଚାରିଆଡେ ଶୁଭିଲା ସୁନାଝିଅ 'ହିମା'ର ଜୟଗାନ
ତମେ ତ ଆଉ ପାଦେ ଆଗେଇ ନିଜ
ରୋଜଗାର ଭାଗ କଲ ବନ୍ୟା ପୀଡିତଙ୍କ ସହ
ତୁମକୁ ଶଙ୍ଖୋଳିବାକୁ ଆଉ କି ଶବ୍ଦ ଅଛି କୁହ !!!

ତୁମ ପାଦାଙ୍ଗୁଳି ସବୁରେ ଭରିଛି
ଏ ମାଟିର ସବୁ ଝିଅଙ୍କ ସ୍ୱାଭିମାନ ଓ ସାହସ
ତୁମେ ଓ ତୁମପରି ସମସ୍ତେ ସକ୍ଷମ
ଦୂରେଇବାକୁ ବାତାବରଣରୁ
ଚିତ୍କାର ଓ ଅସହିଷ୍ଣୁତାର ଦୁର୍ଗନ୍ଧ
ତୁମେମାନେ ହିଁ ଖେଳି, ବୁଲି
ଭରିଦେବ ପବନରେ ମନମତାଣିଆ ସୁଗନ୍ଧ

ପ୍ରତୀକ

ଏମିତିରେ ତୋ ପରିଚୟ ଅନେକ
ତୁ କିନ୍ତୁ ଅନନ୍ତ କାଳରୁ ଏ ଯାଏ
କେବଳ ଏକ ପ୍ରତୀକ

କେଉଁ ପ୍ରାଚୀନ କାଳରୁ ବୋହି ଚାଲିଛୁ ତୁ
ସବୁ ବୋଝ ସଂସ୍କୃତି ଓ ପରମ୍ପରାର
ଯେଉଁ ହାତ ଝୁଲଣାରେ ଝୁଲାଏ
ଦରୋଟି ହସକୁ
ସେହି ହାତ ଚଳାଇପାରେ ଦେଶ
ଏକଥା ତୁ ପ୍ରମାଣିତ କରିଛୁ ବାରମ୍ବାର

ବେଦ ଚର୍ଚ୍ଚାରେ ତୁ ଗାର୍ଗୀ, ମୈତ୍ରେୟୀ
ଶାସ୍ତ୍ର ଚର୍ଚ୍ଚାରେ ପତିଙ୍କ
ଝାଉଁଳିଥିବା ମୁହଁରେ
ହସ ଫୁଟାଇବାକୁ ତୋ ନାଁ
ଉଭୟ ଭାରତୀ
କେବେପୁଣି ନିଜକୁ ପ୍ରମାଣିତ କରିବାକୁ
ବାଛିନେଉ ମାଟି ମା'ର କୋଳ   ତ
କେବେ ତୋ ନାଁ ଅନୁସୟା ସତୀ

ବିନା ଦ୍ୱିଧାରେ ତୁ ହେଉ ଜରତା
ଯେବେ ଅଧୋବଦନରେ ଥାଆନ୍ତି
ତଥାକଥିତ ମୁରବୀ ଏ
ଯିଏ ନିଜକୁ ବୋଲାନ୍ତି
ହର୍ତ୍ତା, କର୍ତ୍ତା, ଦଇବ ବିଧାତା

ତୋର ଭାତଡାଲି ରନ୍ଧା ହାତ
ତୋର ଚକ୍ରିପରି ଘୁରୁଥିବା ପାଦ
ବଦଳିଯାଆନ୍ତି
ଉଷା, ମାରିକମ୍, ମାଲେଶ୍ୱରୀ, ଦୂତୀ,
ହିମା, ସାନିଆ କି ସିନ୍ଧୁରେ
ଯେବେ ସବୁ ପ୍ରତିରୋଧ ଟପି
ତୁ ଆଗେଇ ଯାଉ ନିଜ ଲକ୍ଷରେ

ତୁ କୋମଳ ହେବା ଭଲ
କିନ୍ତୁ ଦୁର୍ବଳ ହେଲେ
ବ୍ରହ୍ମାଟିଏ ବି ସହଜରେ ଦେଇପାରନ୍ତି ଆଦେଶ
ବିବସନା ହେବାର
ସେ କାହୁଁ ବୁଝିବେ
ବିବସନା ହେବାର ବିବଶତା କାହାର

ତୋ ପାଇଁ ଲୋଡାନାହିଁ
ଆରକ୍ଷଣ କି ପୁରସ୍କାର
ତତେ କେବଳ ଭାଙ୍ଗିଦେବାକୁ ହେବ
ତୋ ଚାରିପାଖରେ ଥିବା
ସବୁ ଦୃଶ୍ୟ ଅଦୃଶ୍ୟ ପ୍ରାଚୀର ।

ବୋଉ

କିଏ କହେ ତୁ ସ୍ୱର୍ଗଠୁ ଅଧିକ
କିଏ କହେ ତୋ ପାଦତଳେ ସ୍ୱର୍ଗ
ମୁଁ କିନ୍ତୁ ତତେ ଦେଖେ ସତେ ଯେମିତି
ତୁ ମୋ ପୂର୍ବ ସଂସ୍କରଣ
ଜୀବନ ଆକାଶର ପହିଲି ସୂର୍ଯ୍ୟକିରଣ

ତୋ'ର ଖଣ୍ଡ ଖଣ୍ଡ ହେବାର କଷ୍ଟ
ମତେ ଜଣାଗଲା ଯେବେ
ମୁଁ ନିଜେ ହେଲି ବିଭକ୍ତ
ଆଃ କେତେ ସାଧନାରେ ଗଢିହୁଏ
ନିଜ ପ୍ରତିରୂପ
ଭାଗକରି ନିଜ ମାଂସ ରକ୍ତ !

ମୋ ସହ ଯେ ଅନ୍ୟପିଲାଙ୍କ ଚପଳତାକୁ
କାନିରେ ଗଣ୍ଠିକରି ବାନ୍ଧୁଥିବା ତୁ
ଆମ ପାଇଁ ଭାତ ହାଣ୍ଡିରେ ସିଝୁଥିବା ତୁ
କଡେଇରେ ସନ୍ତୁଳା ସହ ସନ୍ତୁଳି ହେଉଥିବା ତୁ
ଆମ ସଂପର୍କର ଚିରାଫଟାକୁ ରଫୁ କରୁଥିବା ତୁ
କେଜାଣି କେତେ ଚରିତ୍ରର ଦଶାବତାର
ଓ ବିଶ୍ୱରୂପରେ ଦେଖା ଦେଇଛୁ
ସେ ସବୁକୁ ମୁଁ ଅନୁଭବିଲି
ଯେବେ ନିଜେ ବଂଚିଲି ସେ ସବୁ ମୁହୂର୍ତ୍ତ

ତୋ'ର ଭିନ୍ନରୂପ ଆମକୁ ମାଟିରେ
ମିଶାଇଥିଲା ବାପା ଗଲା ପରେ

ତୋ ଫୁଙ୍ଗୁଳା ହାତ, ଶୂନ୍ୟ ସୀମନ୍ତ
ଆଘାତ ଦେଇଥିଲା ସିଧା ହୃଦୟରେ
ହତବମ୍ବ ହେଇଥିଲୁ ଆମେ ସମସ୍ତେ
ବାପା ଥିଲାବେଳେ ଏରୁଣ୍ଡି ଡେଉଁନଥିବା ଆମ ବୋଉ
କେମିତି ଦୃଢ ହେଇଥିଲା
ଦେହରେ ବୋଲି ଦମ୍ଭ ପରସ୍ତେ

ଏବେ ତୋ ପିଲାମାନେ ଯେଝା ଯେଝା
ସଂସାରରେ ବ୍ୟସ୍ତ
ତୋ ପାଇଁ ନାହିଁ ଆମର ଦି ଘଡି ବେଳ
ହେଲେ ଆଖି ଛୁଇଁ କହୁଛି ବୋଉ
ସାକ୍ଷୀ ନିଜେ ଜଗନ୍ନାଥ
ତୋ କଥା ମନେ ପଡିଲେ
ଆମ ସମସ୍ତଙ୍କ ଆଖି ଟଳମଳ

ତୁ ଏବେ ତୋ ନାତି ନାତୁଣୀଙ୍କ
ଆଇ, ଜେଜେମା, ବା, ବୋଉ
ଏବଂ ସାରା ଗାଁର ମା

ଆମେ କିନ୍ତୁ ତୋ ନାଚାର ସନ୍ତାନ ଲୋ ବୋଉ
ଘାଂଟି ହେଉ ସାହୁର ଜଞ୍ଜାଳ କୁଟୁମ୍ବ ଦୁଃଖରେ
କେବେ କେମିତି ତୋ ସହ ଦୁଇପଦ କଥା କହି
ଭାବି ନେଉ ସବୁ କରି ଦେଲୁ
ପୁଣି ନିଜ ନିଜର ପିଠି ଥାପୁଡେଇ
ଆତ୍ମରତିରେ ଥାଉ
ସତେ ଯେମିତି
ମାତୃରଣ ସବୁ ଶୁଝିଦେଲୁ
ଅବା କେଣାର୍କରେ ମୁଣ୍ଡି ମାରିଦେଲୁ ।

ଗାଥାର ନାମ ଗାନ୍ଧୀ

ଆପଣଙ୍କ ଅବର୍ତ୍ତମାନର
ବାସ୍ତରି ବର୍ଷ ପରେ ବି
ଆପଣଙ୍କ ଫଟୋ ଝୁଲେ
ସରକାରୀ, ଘରୋଇ, ଦପ୍ତରରେ
ସ୍ୱମ୍ଭାନ୍ତ ବୈଠକ ପରେ
ଆପଣ କିନ୍ତୁ ରହିବାକୁ ସୁଖ ପାଆନ୍ତି
କିଛି ହୃଦୟରେ

କିଛି ଲୋକ ଆପଣଙ୍କ ସାଙ୍ଗିଆକୁ
ଭାବନ୍ତି ଆପଣ
ହାର କରି ଲମ୍ବାନ୍ତି ଗଳାରେ
ସେମାନେ ପାଶୋରି ଯାଆନ୍ତି
ଆପଣ ମୂଳରୁ ଥିଲେ ସାଙ୍ଗିଆ ଉର୍ଦ୍ଧ୍ୱରେ

ସତ୍ୟ, ଅହିଂସା, ସର୍ବୋଦୟ ଓ
ସତ୍ୟାଗ୍ରହର ଶାଳଗ୍ରାମମାନ
ଆମେ ଗୁଡେଇ ରଖୁ ପାଟକନାରେ
ସ୍ମୃତିର ସିନ୍ଧୁକ ଖୋଲି କାଢୁ
ସଭା ସମିତିରେ

ଯୋଜନାର ସିଂହଭାଗ
ଆମ ଆୟତ୍ତରେ
ବକ୍ତୃତାରେ ଖଇଫୁଟେ ଆପଣଙ୍କ କଥା

ସବୁଥିରେ ହକଦାର
ଯିଏ ଠିଆ ଶେଷ ପାହାଚରେ

ଆପଣ ନିସ୍ପୃହା କି ଭୀରୁତାକୁ ମଣୁଥିଲେ
ହିଂସାଠାରୁ ବେଶି ଭୟଙ୍କର
ସବୁଥିରେ ଚୁପ୍ ରହି ଆମେ ନାଁ ରଖିଛୁ
ଆମ ବାପର

ଆପଣ ଭାଙ୍ଗିଦେବାକୁ ଚାହୁଁଥିଲେ
ସବୁ ପାତ୍ର ସମସ୍ତ ନିଶାର
ଆମେ ଶ୍ରେଷ୍ଠ ମଦ ବିକାଳି ପାଇଁ
ଘୋଷଣା କରିଛୁ ପୁରସ୍କାର

ଆମେ ସଜେଇରଖୁ
ତିନିମାଙ୍କଡ ଓ ଚରଖାକୁ
ଚକ୍‌ଚକ୍ ସୋ କେଶ୍‌ରେ
ଗାଉ ଆବେଗରେ
ରଘୁପତି ରାଘବ, ବୈଷ୍ଣବ ଜନ
ହେଲେ ଖୋଜୁନାହିଁ ଭାଗ ପରର ପୀଡାରେ

ଆପଣଙ୍କ ଜନ୍ମଦିନ ଛୁଟିପାଳୁ ଆମେ
କହି ଆପଣଙ୍କୁ କର୍ମବୀର
ଏତିକି ଖୋଜୁ କେବଳ ଚତୁର୍ଥ ଗୁଳିଟି ଥିଲା କାହାର ।

ଖେଦନାହିଁ ମନରେ
ଆମେ ଏକକୋଷୀମାନେ
ବିବର୍ତ୍ତିତ ହେବୁ
ଖଦି ପିନ୍ଧି ବାଡି ଧରି
ଚାଲିବୁ ମଂଚରେ ।

ଚେ ଓ ମୁଁ

ତମେ ତ ଆଉ ଜାଣିବନି ଚେ
ମୋର ଅନେକ ସମୟରେ
ତୁମ କଥା ମନେପଡେ

ମୁଁ ଜାଣେନା ଚେ
ତୁମେ କାହିଁକି କର
 ମତେ ଆକର୍ଷିତ
ମୋର ଭୂମିଷ୍ଠ ହେବା ଆଗରୁ
ତୁମେ ଛାଡି ଯାଇଥିଲ ଏ ପୃଥୀ
ହେଲେ ତୁମ ମୋ ଭିତରେ
ଏ ଭାବ ଡୋରି କାହିଁକି କୁହତ
ମୋର ଅଛି କି କିଛି
ଲୌହ ଅବଶେଷ
ତୁମେ ତ କାଳକ ଚୁମ୍ୱକ

ଚେ ତୁମ ସହ ବନ୍ଧୁକ ଧରି
ଲଢିବାକୁ ମୋର ବି ଇଚ୍ଛା ହୁଏ
ବୋଲିଭିଆର ଜଙ୍ଗଲରେ
ତୁମର ସେ ନୀଳ ପତଲୁନ ପିନ୍ଧା
କ୍ଷତ ବିକ୍ଷତ ଛବି
ମୋ ଆଖିରେ ଏମିତି ଆବଦ୍ଧ ଯେ

ମୁଁ ତୁମକୁ ଅନୁଭବି ପାରେ
ପ୍ରତି ମୂହୁର୍ତ୍ତରେ

ତୁମର ଅଦମ୍ୟ ସାହସ
ମତେ ସାହସୀ କରାଏ
ମୋର ବି ଇଚ୍ଛା ହୁଏ
ଶକ୍ତି ଠୁଳ କରି
ଖେଦିବାକୁ ଚତୁର୍ଦ୍ଦିଗ
କହିଲ ଚେ ମୁଁ କଣ
ପାରିବିନି
ସ୍ତ୍ରୀ ଲୋକଟେ ବୋଲି

ଏହି ତ ତୁମେ
ଉଠି ଆସୁଛ କବରରୁ
ମୋ ହାତ ଧରି ନେଉଛ
ସମର୍ଥ କରିବାକୁ
ସବୁ ଯୁଦ୍ଧ ପାଇଁ

ଗୋଟେ କପ୍ କଫି

ମନେକରାଯାଉ ତୁମେ ଆସିଲାବେଳକୁ
ତୁମ ପସନ୍ଦର ଫୁଲ ସବୁ ଥିବେ ଫୁଲଦାନୀରେ
ଶୁଦ୍ଧ ଘିଅରେ ଜଳୁଥିବ ଦୀପ
ଚହଟି ଯାଉଥିବ ତୁମ ପ୍ରିୟ ବାସ୍ନାର ଧୂପ
ପ୍ରସ୍ତୁତ ହୋଇଥିବ ଗୋଟେ କପ୍
ବାମ୍ଫ ଉଠା କଫି
ମୁଁ କିନ୍ତୁ ନଥିବି ----

ଟିକେ ସମୟପରେ ସହଜ ହେବ ତୁମେ
ସଳଖି ବସିବ
ଘରଲୋକଙ୍କ ସହ ମନଭରି ଗପିବ
ସାଉଁଳିବ ସୋଫାର କଭର
ଆଇନାରେ ମୁହଁ ଦେଖୁଥିବ ବାରମ୍ବାର
ହାତରେ ଥିବା ରୁମାଲରେ ଟିକେ ପରେ ଟିକେ
ପୋଛୁଥିବ ଆଖି
ଏଣେ ହୋ ହୋ ହସି କହୁଥିବ
କଣ ଗୋଟେ ଖୁଂଚି ହେଉଛି ଆଖିରେ

ପରିଚିତ ସ୍ୱର ଶୁଭିଲା ଭଳି ଲାଗିଲେ
ତୁମେ ବୁଲି ଚାହିଁବ
ମୁଁ କିନ୍ତୁ ନଥିବି --

ତମେ ବସିବ ଘଣ୍ଟେ ଦୁଇଘଣ୍ଟା
ନା ରହିବ ମୁଁ ଆସିବା ଯାଏ
ଏମିତି ବି ମୋ ଆସିବାର
କୋଉ ନିଶ୍ଚିତତା ଥାଏ !
କଫି କପ୍‌ଟା ଲାଗିଥିବ ତମ ଓଠରେ
ସତେ ଯେମିତି କଫି କପ୍ ନୁହେଁ ଅକ୍ଷୟପାତ୍ର
ତମେ ଯାବୁଡି ଧରିଥିବ ତାକୁ
କେବେ ଥରେ ଧରିଥିବା ପରି ମୋ ହାତ

ଶେଷ ଢୋକ କଫି ପୂର୍ବରୁ
ତୁମ ଆଖିରେ ଦେଖାଦେବ ଚମକ୍
ସାମ୍ନାରେ ତୁମର ଅଜାଡି ହୋଇଯିବ
ଆଞ୍ଜୁଳାଏ ମଲ୍ଲୀର ମହକ
ନିଜକୁ ସଜାଡି ଉଠିବ ତୁମେ
ଖୋଜିଲା ଆଖି ତୁମ ପହଁରି ଯିବ
ଘରର ଏଠି, ସେଠି ସବୁଠି
ମୁଁ କିନ୍ତୁ ନଥିବି ----

ତୁମେ ଗଲା ପରେ

ହେ ଯାଯାବର ଖିଆଲି ଫଗୁଣ
ତୁମ ଅବର୍ତ୍ତମାନରେ
ଭାଙ୍ଗିଗଲା ମେହେଫିଲ୍ ବିଲ୍‌ମୋରିଆରୁ
ଗୋଟିଏ କୁହୁ ଓ ଅନେକ ଉହୁଃ କୁ
ନେଇ ଅନେଶତ ରାଣୀ
ଆଜି ବି ଖୋଜନ୍ତି ଆର୍ଯ୍ୟଦାସଙ୍କୁ ।

ପୂର୍ଣ୍ଣୟର ନଈଧାର ଶୁଖିଗଲା ପରେ
ପକ୍ଷୀଟା କେମିତି ପାରନ୍ତା
ବସାବାନ୍ଧି ପାପର ତରୁରେ
ତୁମେ ଗଲା ପରେ ।

ତୁମବିନା ନଦୀ ବି ଅଳସ
ଭାଙ୍ଗୁନି ଆଉ
ତନ୍ଦ୍ରାର ତୀରରେ
ସ୍ୱପ୍ନପୁରୀ ଗାଁରୁ
ନିଖୋଜ ହେଇଛି
ତୁମ ପ୍ରିୟା ଚନ୍ଦ୍ରା
କେମିତି ଗୋଟେ ଖାଁ ଖାଁ ଭାବ
ବିଚିତ୍ର ବର୍ଣ୍ଣାରେ
ରଜାଝିଅ ସହ ଲଗେଇବାକୁ ଭାବ

ଅଫେରା ରାଇଜକୁ
ତୁମେ ଚାଲିଗଲା ପରେ

ତୁମ ପରେ ଆଉ କେହି
ସାହାସ ଜୁଟାଇ ନାହାଁନ୍ତି
ଭସେଇ ଦେବାକୁ ବଡ ଦେଉଳ
ଆଖିର ଲୁହରେ
କାଠଯୋଡି ପଠା ଶୂନ୍ୟ
ହଜିଛି ମଲ୍ଲୀର ବାସ୍ନା
କିଶୁ ପାନରୁ
ଜାଫ୍ରାନି ଜର୍ଦ୍ଦା ବି ଉଭାନ୍
ତୁମେ ଗଲା ପରେ ।

ତୁମେ ସ୍ମୃତିହେଲା ପରେ
ଆଉ କଣ ସ୍ମୃତିକି ସାଉଁଟି
ହେଉଛି ପାଉଁଶ ତଳୁ
ତମେ ତ ଥିଲ କଟକର
ଅଘୋଷିତ ସମ୍ରାଟ୍
ତୁମ ବିନା ଆଉ କିଏ ଅଛି
କଳଙ୍କକୁ ଦେହରେ ବୋଳି
ମଥାଟେକି ଚାଲିବାକୁ ବାଟ

ବାଟ

ମଳିଛିଆ ଅନ୍ଧାରରେ
ସେ ଯେମିତି ଜଳୁଥିଲା
ହାତରେ ମଲ୍ଲୀମାଳ ବନ୍ଧା
ଯୋଡେ ବାଘ ଆଖି
ଅସମର୍ଥ ଥିଲା। ତାକୁ ଡରାଇବାରେ

ଭୋକର ଦହନ
ପାପର ଦଂଶନଠୁ ବଳିଗଲା। ପରେ
ଭୟବି ଲୁଚିଯାଏ ଭୟରେ

ଗୋଟେ ଅତି ଆପଣାର ଚିହ୍ନା ଚିହ୍ନା ସ୍ୱର ଶୁଭିଲା
ଆଲୋ ସୁଲି ତୁ
ଶେଷରେ ଏଇବାଟରେ ଗଲୁ !

ଦୃପ୍ତ ସ୍ୱରଟେ ଶୁଭିଲା
ବାଟ ବାଛିବାର ସୌଭାଗ୍ୟ
କେବେ ଆଉ ଥିଲା ମୋର

ଅସ୍ତିତ୍ୱ

ଆଜି ଆଉଥରେ ସାଉଁଟି ଆଣିବି
ମୋ ସୁଖକୁ
ତୁମ ଲେଖନୀରୁ
ତୁମେ ଏବେ ଅସଂପୂର୍ଣ୍ଣ ଲକ୍ଷ୍ୟଟିଏ ମାତ୍ର
ମୁଁ ତ ଚିରକାଳ ଯାତ୍ରୀ
ଯାତ୍ରାରେ ହିଁ
ମୋର ସବୁ ଆନନ୍ଦ ନିହିତ
ତୁମ ଅଧାପିଆ ଚା କପ୍
ଅବା କେଇ ଧାଡି ଲେଖାରେ
କାହିଁକି ଖୋଜିବି ମୋ ଅସ୍ତିତ୍ୱ ।

ନିଆଁ

ଏ ନିଆଁ ଆଜି ନୁହେଁ
ଜଳିଆସୁଛି କେଉଁ ମହେଞ୍ଜୋଦାରୋ ଯୁଗରୁ
ହଁ ଏ ନିଆଁରେ ଜଳନ୍ତି କିଛି ଝିଅ
ଭେଦଭାବ କିନ୍ତୁ ନଥାଏ ଏ ନିଆଁର
ରଙ୍ଗ, ଜାତି, ଧର୍ମ, ବୟସ କିଛି ଫରକ ନଥାଏ
ଲୋଡ଼ା କେବଳ ଗୋଟେ ନାରୀ ଶରୀର

ଏ ନିଆଁର ଧୂଆଁରେ ଚାଲେ
କିଛିଦିନ ହୋ ହଲ୍ଲା
କନ୍ଦାକଟା
ସାହିରୁ ସଂସଦ ଯାଏ
ସବୁଠି ଚର୍ଚ୍ଚା
ଜୋର ଧରେ
ତା ପରେ ସବୁ ନିରବ
ପୁଣି ଖୋଲେ ସବୁ ଦୋକାନ
ଆରମ୍ଭ ହୁଏ ସ୍ୱାଭାବିକ ବିକ୍ରିବଟା

ଏମିତି ହୁଏ
ଏମିତି ହେବା କେଉଁ ନୂଆ କଥା ଯେ
କ୍ଷୁଧା କଥା ଛାଡ ହୋ
ଯେଉଁଠି ଶ୍ରଦ୍ଧା ବି ମପାଯାଏ

ଶରୀରର ଭଗ୍ନାଂଶରେ
କଥା କଥାକେ ଯେ ଦିଆଯାଏ
ଫ୍ରୟେଡୀୟ ମନସ୍ତତ୍ୱର ଉଦାହରଣ
ଯେଉଁଠି ଜୀବନଦାୟୀ ବକ୍ଷର ବର୍ଣ୍ଣନା
କେତେ ବିକୃତ ଚିତ୍ରକଳ୍ପରେ କରନ୍ତି
ରସିକଗଣ
ସେଠି ନାରୀ ଆଉ ନ ଅଇରି ନୁହେଁ
କେବଳ ଭୋଗର ବ୍ୟାକରଣ

ହେଲା ଏବେ ରୋଜଗାରିଆ
ଝିଅ ସହ ଜଳିଗଲା
ବାପାଙ୍କ ଔଷଧ ମା'ର ଘରକରଣା
ସାନ ଭାଇଭଉଣୀଙ୍କ ସ୍ୱପ୍ନ ସବୁ
ହେଲେ ବାଟବଣା
ତା' ବୋଲି ନିଆଁ କଣ
ଭୁଲିଯିବ ପରିଚିତ ଠିକଣା !!!

ସବୁ ଯେମିତି ଚାଲିଛି ଚାଲିବ
କିଛିଦିନ ଶୋକଗୀତ ଗାଇ
ଆମେ ପୁଣି ଚାଲିବୁ
ସେଇ ଶଗଡ ଗୁଳାରେ
ସବୁକଥା ଭୁଲି କହୁଥିବୁ
କେମିତି ଆଉ ପହଁଚି ପାରନ୍ତେ ସେ
ଝିଅମାନେ ଘରେ
ସବୁ ପରିଚିତ ରାସ୍ତା
ଅପରିଚିତ ହେଲାପରେ

ନୀରବତା

କାହାକୁ ବା ଧରିପାରିଲି
ଚାହୁଁ ଚାହୁଁ ଆଙ୍ଗୁଳି ଫାଙ୍କର
ସରୁବାଲି ପରି
ହାତରୁ ଖସିଗଲା ବୟସ

ଫୁଲ ଫୁଟି ମଉଳିଲା ପରି
ଢଳିଗଲା ରୂପ
ଖାଳେଇରୁ ଶେଉଳ ମାଗୁର
ପରି ଧପ୍ ଧପ୍ ଡେଇଁଗଲେ
ସବୁ ସଂପର୍କ

ସବୁ ଭଲ ଗଢିବାର
କଳା ଶିଖୁ ଶିଖୁ
ପାଶୋରିଗଲି
ନିଜ କଥା
ଭିଡ଼ ଭିତରୁ ଯେଉଁ
ଆଖି ଦୁଇଟି
ପାଖେଇ ଆସିବାକୁ ଚାହୁଁଥିଲେ
ଜୋର୍‌ରେ ବନ୍ଦ କରିଦେଲି
ତା' ମୁହଁ ଉପରେ ଦରଜା

ନିଜ ସୁଖ ଦୁଃଖ ବଖାଣିବାକୁ
କାଗଜ କଲମ ଧରିଲି
ଯେ
କୋଉ ଲେଖିପାରିଲି କିଛି

ସବୁକଥା ବନ୍ଦ ହୋଇ
ରହିଲା ନିଜ ମନ ସିନ୍ଦୁକରେ
କେବେ ହୁଏତ ବାହାରିବ
ସଠିକ୍ ଚାବିରେ
ଖୋଲିଯିବ ବନ୍ଦ ଆଖିପତା
ଏବେକିନ୍ତୁ ସବୁଆଡେ
ଝଡ ପୂର୍ବର ନିରବତା

ବୟସ୍କ ବର୍ଷା

ବର୍ଷାତା'ର ବୁନ୍ଦା ବୁନ୍ଦା ମହୋତ୍ସବରେ
ଫେରାଇଲା ପାହାଡକୁ ଅଷ୍ଟାପୂତା

ନଦୀକୁ ନିକ୍ୱଣ
କ୍ଷେତକୁ ସବୁଜିମା
ମାଟିକୁ ଓଦାପଣ

ଆକାଶର ଭସାମେଘସବୁ
ଅସରା ଅସରା ବର୍ଷି
ଭରିଦେଲେ ନଈ, ପୋଖରୀ
ବିଲ ବଣ
ଗଲାସନ ମରୁଡିରେ
ଅଣ୍ଟା ଭାଙ୍ଗିଥିବା ବନମାଳୀ
ପୁଣି ଯୋଚିଲା ହଳ
ଗାଇଲା
ବଣକୁ ଗଲେ
ରାମ ଯେ ଲଇଖଣ

ଲୋକେ କୁହନ୍ତି ବର୍ଷା କୁଆଡେ
ଉଲ୍ଲସିତ କରିପାରେ ସଭିଙ୍କର ମନ
ହେଲେ ପଲିଥିନ୍ ଘୋଡେଇ

ନିଜର ଘରକଣା ସଜାଡୁଥିବା
ପାଣିକାଚ ପିନ୍ଧା ସେ ଶିରାଳ ହାତ ଦୁଇ
କ'ଣ ସ୍ୱିକାରିପାରେ ବର୍ଷାର ଆଗମନ !
ସତରେ କଣ
ସେ କୁଡିଆରେ
ନିତି ପ୍ରତି ନିଜ ସ୍ୱପ୍ନମେଧ
ଯଜ୍ଞରେ ଆହୁତି ଦେଉଥିବା
ଅସହାୟ ମର୍ଦ୍ଦ
ଅନବରତ ଖୁଁ ଖୁଁ କାଶୁଥିବା
ବୁଢ଼ୀ ଓ କିଚିରି ମିଚିରି ଗୀତ
ଗାଉଥିବା ଆଉ କିଛି
କଣ୍ଠ କରିପାରନ୍ତି ବର୍ଷାର
ଆବାହନ !

ଏ ବର୍ଷା ସବୁଠି ବର୍ଷେ କିନ୍ତୁ ଭିଜାଏନି
ବଣ, ଜଙ୍ଗଲ ଓ ଘାଟିରେ ବୁଲୁଥିବା
ବନ୍ଧୁକଧାରୀର ହୃଦୟ

ବତୁରେଇ ପାରେନି ଫୁଲମାନଙ୍କୁ
ଦଳିମନ୍ଥି ଫିଙ୍ଗୁଥିବା
ନପୁଂସକର ପଥୁରେଇଥିବା ମନ

କେବେ ପୁଣି ଏ ବର୍ଷାପାଣି
କୂଅ ସହ ସରକାରୀ ନଥିପତ୍ରରୁ
ହୋଇଯାଏ ଉଭାନ

ବର୍ଷାରେ କାଚ ଝରକାର ଜଳବିନ୍ଦୁ ସବୁ
ମତେ ନେଇଯାଆନ୍ତି ସ୍ମୃତିର ଅତଳ
ବିତଳ
ମନେପଡେ ପିଲାଦିନର
ମୁଢ଼ି ପକୋଡ଼ିର ସଂଧ୍ୟା
ଭାଇଙ୍କ ରଫ୍‌ଖାତା ଚିରି
କାଗଜ ଡଙ୍ଗା
ଭସେଇଥିବାର
ସେସବୁ ହଜିଲା ଦିନ
ଯେବେ ମେଘଥିଲା
ଆକାଶରେ
ନଥିଲା ଆଖିରେ
ଭିଜିହେଉଥିଲା ବର୍ଷାରେ ବେଧଡକ
ଏବେ କିନ୍ତୁ ବର୍ଷା ଆଉ ଭିଜାଏନି
ବୋଧେ ଏବେ ସେ ମୋର ପରି ବୟସ୍କ !

ସତ୍ୟ

ତୋ ବୟସ ଯାହା ବି ହେଇପାରେ
ଯେମିତି ବି ହେଇପାରେ ତୋ ରୂପରଙ୍ଗ
ପୋଷାକଟି ଶାଢ଼ି ହେଉ ବା ବୁର୍ଖା
ମିନି ସ୍କାର୍ଟ ହେଉ ବା ଲେହଙ୍ଗା

ତୁ କିନ୍ତୁ ମିଳୁଥାଉ
ନଈପଠାରୁ
ଅପନ୍ତରାରୁ
ଗାଁ ରୁ
ସହରରୁ
ରାଜରାସ୍ତାରୁ
ଅନ୍ଧାରରୁ
ଆଲୁଅରୁ

ସେତେବେଳେ ସୃଷ୍ଟିକର୍ତ୍ତା
ଥାନ୍ତି କେଉଁଠି
ସେ କ'ଣ କରିଥାନ୍ତି ଅନନ୍ତ ଶୟନ
ସେବେବି କଣ ଥାଏ
ଅପଲକ ତାଙ୍କ ନୟନ
ସେ ବୋଧେ ଥାନ୍ତି ପଶାଖେଳରେ
ଅବା ବାନ୍ଧୁଥାନ୍ତି ସେତୁବନ୍ଧ

ରଚୁଥାନ୍ତି ନୂଆ ଲୀଳା
ତାଙ୍କୁ ବୋଧେ ଶୁଭେନି ତୋ ଆର୍ତ୍ତନାଦ
ହୁଏତ
ସେ ଭୁଲିଗଲେଣି ତାଙ୍କର
ଗୋଟେ ନାମ ଆର୍ତ୍ତତ୍ରାଣ

ମୁଁ ବୁଝୁଛିରେ ମୋ ଧନ
ମୋ ନିପାରିଲା ପଣିଆକୁ
ଲୁଚାଇ ଦେଉଛି ଈଶ୍ୱରଙ୍କ ନାମରେ
କ'ଣ ଆଉ କରିପାରିବି
ଏଠି ତ ସାତମାସରୁ ସତୁରୀ ବର୍ଷ
କିଛି ଫରକ ପଡ଼େନା
କେବଳ ଦିଶେ
ଗୋଟେ ନାରୀ ଦେହର ଭଗ୍ନାଂଶ

ଜାଣେ ଏ ସବୁର କେବେ ହେବନି ଅନ୍ତ
ଯେଯାଏ ଧରା ଅଛି
ତାର ଧର୍ଷଣ ହେବ ଏକମାତ୍ର ସତ୍ୟ

କଥା ଥିଲା

କଥା ଥିଲା ସେମାନଙ୍କ ସହ
ମୁଁ ବି ଯିବି ଏଥର
ଦେଖିବି କେମିତି ସେମାନେ
ରକ୍ଷା କରନ୍ତି ମା'ର

ହେଲେ ମୋର ଡେରି ହେଲା
ମୋର ତ ସବୁବେଳେ ଡେରି ହୁଏ

ପହଁଚିଲା ବେଳକୁ
ସବୁଆଡେ ଖାଲି ଧୂଆଁ
ଶବ୍ଦ ନୁହେଁ ଗୋଟେଇଲି
ଛେଲା ଛେଲା ରକ୍ତ ଆଉ ମାଂସ
କିଛି ଲହୁ ମିଶା ଲୁହ
କିଛି ଛାତିଫଟା କୋହ
ଟୋକେଇଏ କରୁଣ ଚାହାଣି
କେତେ ଅକୁହା କାହାଣୀ
ହାହାକାର ଶୈଶବ
ଅପ୍ରକାଶ୍ୟ ଭାବ

ହଁ ସେଠି ପୁଣି ଶବ୍ଦ ଥିଲା
ବିଶ୍ୱାସ ଭାଙ୍ଗିବାର

ଥିଲା ପୁଣି କାତର ଦୃଷ୍ଟି
ଛିନ୍ନ ବସ୍ତ୍ରା ମାଟି ମା'ର

ମୁଁ ଥିଲି ହତବାକ
କଣ ବା କହିବାର ଥିଲା ମୋର
ଖାଲି ଏତିକି କହିପାରିଲି
ଶୁଣ ପୁଅମାନେ
ତୁମର ଏମିତି ମୃତ୍ୟୁ
ମତେ ବ୍ୟଥା ଦିଏ
ବାରମ୍ବାର

(ପୁଲୱାମା ପରେ ......)

ସୂର୍ଯ୍ୟସ୍ତୁତି

ମୋ ସହରର ଖରାରେ
କେମିତି ଏକ ଉଦାସପଣ
ଛାଇରୁ ବି ଶୁଭେ ଏକ
ବିକଳ କ୍ରନ୍ଦନ

ଏ ସହରରେ ମୋର ଦେଖାହୁଏ
ଦୁଃଖ, ହତାଶା, ନିରାଶା
ସହ ପ୍ରତିଦିନ
ପବନରେ ବହିଆସେ
ଦୀର୍ଘଶ୍ୱାସ
ମନ୍ଦିର, ମସ୍‌ଜିଦ୍ ଓ ଗୀର୍ଜାରେ
ଶୁଭୁଥାଏ ଅସହାୟ ଅବଶୋଷ

ପ୍ରତି ନିଃଶ୍ୱାସରେ ମୁଁ ଢୋକେ
ଦଳାଚକଟା ଫୁଲର ଗନ୍ଧ
କଢଟିଏ ବି ଅନୁମତିର ଅପେକ୍ଷାରେ
ହେବା ପାଇଁ ପ୍ରସ୍ଫୁଟିତ
ଏଠି ଫୁଲବି ଫୁଲକୁ ଡରେ
ଯେବେଠୁ ହେଲାଣି ସନ୍ଧି
ଅସ୍ତ୍ରଙ୍କ ଭିତରେ
ପ୍ରତିଦିନ ଖାଦ୍ୟ ସହ ବିଷ ପିଉଥିବା

ଲୋକେ ଶିଖୁଥାନ୍ତି
ଚୋଟ ମାରିବାର କଳା
ଦାନ, ଧର୍ମ, ପୂଣ୍ୟ ସବୁ
ଡରିମରି ଜିଇଁବାର ବେଳା

ଏବେ ବି ହୁଏ
ସମୁଦ୍ର ମନ୍ଥନ ଏଠି
ଅମୃତ କଳସ କିନ୍ତୁ ରହେ
ଅସୁରଙ୍କ ହାତରେ

ସହର ତଳିର ଲୋକେ ସବୁ
ଏକା ପରି
ସେମାନେ ମନେ ପଡନ୍ତି
ନିର୍ବାଚନ ପାଖେଇ ଆସିଲେ
ବାକି ସମୟରେ
ତାଙ୍କ ଡାକ ଶୁଭେନି
ଏ ସହରର ବାଙ୍ଗରା ହୃଦୟଧାରୀ
ଡେଙ୍ଗା ଲୋକଙ୍କୁ
ଏଠାରେ
ଖୁବ୍ ସହଜରେ
ରାମଚନ୍ଦ୍ର କରି ଦିଆଯାଏ
ରାବଣ ମାନଙ୍କୁ

ଏମିତି ଗାଢ ଅନ୍ଧାରରେ
ମୁଁ ଅକ୍ଷମ କରିବାକୁ
ତୁମ ସ୍ତୁତି
ହେ
ଛାୟା ପତି

www.ingramcontent.com/pod-product-compliance
Lightning Source LLC
Chambersburg PA
CBHW060504080526
44584CB00015B/1541
9781645600558